영어로 입이 열리는 감동

영어 낭독 훈련 100일

* 본 도서는 2010년 출간된 〈영어 낭독 훈련 실천 다이어리〉의 동일한 내용 개정판입니다.

영어 낭독 훈련 100일

지은이 박광희·캐나다 교사 영낭훈 연구팀
초판 1쇄 발행 2024년 9월 13일
초판 2쇄 발행 2024년 10월 10일

발행인 박효상 **편집장** 김현 **기획·편집** 장경희, 이한경 **디자인** 임정현
마케팅 이태호, 이전희 **관리** 김태옥

기획·편집 진행 김현 **본문·표지 디자인** 신세진 **교정·교열** 박혜민

종이 월드페이퍼 **인쇄·제본** 예림인쇄·바인딩

출판등록 제10-1835호 **발행처** 사람in
주소 04034 서울시 마포구 양화로 11길 14-10 (서교동) 3F
전화 02) 338-3555(代) **팩스** 02) 338-3545 **E-mail** saramin@netsgo.com
Website www.saramin.com

책값은 뒤표지에 있습니다.
파본은 바꾸어 드립니다.

ISBN
979-11-7101-099-8 14740
979-11-7101-098-1 (세트)

우아한 지적만보, 기민한 실사구시 사람in

영어로 입이 열리는 감동

영어 낭독 훈련 100일

박광희*캐나다 교사 영낭훈 연구팀 지음

사람in
saramin.com

낭독 현장 리포트

낭독, AI, 유튜브의 환상적 만남

하루는 판교의 어느 공원에서 산책을 하는데 감미로운 음악이 스피커에서 흘러나왔습니다. 그래서 홀린 듯이 음악이 나오는 곳을 따라가 보았더니 책을 테마로 한 자그마한 문화 공간이 나타났습니다. 그곳 한쪽 구석에 미니 방송 장비가 설치돼 있었는데, 바로 거기서 유튜브 음악을 틀었던 거예요.

미니 방송 시설을 보자, 제 머릿속에 갑자기 이런 영감이 솟구쳤습니다.
'낭독, 유튜브, AI를 잘 조합해 영어 DJ 음악 방송을 한번 해 보면 어떨까?'

이런 제 생각을 문화 공간 운영자에게 말했더니, 흔쾌히 동의하며 성인과 초등생들을 대상으로 이벤트 클래스를 한번 만들어 보자고 하더군요. '영어 성우 수업'은 이렇게 탄생되었습니다.

▸ 영어 성우 수업의 현장

영어 성우 수업 진행을 간략히 소개하면 이렇습니다.

먼저, 〈영어 낭독 훈련 실천 다이어리〉(〈영어 낭독 100일 훈련〉 개정 전 이름)를 주교재로 영어 낭독 연습을 꾸준히 한 후,

그리고, 3~4명씩 한 팀을 이루어 팀별로 책에 실린 동화나 소설 요약을 하나씩 고르고,

그 다음, 마치 DJ가 된 듯 방송할 음악을 유튜브에서 선곡하고, 또 AI 번역기를 활용해 영어 멘트 스크립트를 작성하고서 멘트 연습을 한 후,

마지막으로, 낭독과 유튜브 음악 앞뒤로 적절히 영어로 멘트하면서 라이브로 DJ 음악 방송을 진행!

성인들은 공원에 사람들이 많이 다니는 점심시간 무렵에, 초등생들은 가족 단위로 공원을 즐겨 찾는 주말에 각각 방송을 했습니다. 모두들 처음에는 진짜 방송을 앞둔 DJ처럼 꽤 긴장을 했는데, 차츰 익숙해지자 발음할 때도 여유가 생기면서 방송과 영어를 정말 즐기는 듯했어요. 특이한 영어 클래스라고 소문이 났는지 지역 신문에서 취재를 하러 오기도 했습니다.

▸ 영어 성우 수업과 '보이스 액팅 클럽'

제가 영어 성우 수업 아이디어를 떠올리게 된 건 캐나다 이민자 시절, 동네 주민들의 한 취미 모임에 참석한 경험 덕분이었어요. 그 모임의 이름은 Voice Acting Club이었습니다.

Voice Acting(보이스 액팅)은 무대나 의상 등의 번거로운 준비 없이 목소리만으로 책과 연극에 몰입하는 낭독 또는 낭독극을 뜻합니다. 책과 연극을 좋아하는 미국과 캐나다 사람들이 모여서 낭독을 즐기는 꽤 인기 있는 취미 모임이에요. 한국에서도 코로나 사태 이후 연극계나 학교 등에서 이 보이스 액팅이 활발하게 시도되는 듯합니다.

캐나다의 보이스 액팅 클럽들을 직접 참관해 보니, 낭독이나 낭독극을 할 때 배경 음악(BGM)이나 라이브 연주를 활용하거나 또는 스크린에 PPT나 동영상을 띄우면서 연극 분위기를 돋우는 모임들도 더러 있더군요. 하지만 미국이나 캐나다 사람들은 배경 음악이나 스크린 없이 목소리에만 집중해 호소력 있게 감정을 전달하는 게 보이스 액팅의 본질이라고 생각하는 듯했어요.

▸ 이런 분들께 영어 성우 수업을 추천해요!

〈영어 낭독 100일 훈련〉이 그 어느 것보다 좋은 학습법이지만, 이것을 혼자 꾸준히 실천하기는 쉽지 않습니다. 그런데 함께 모여 음악, 멘트와 함께 실감나게 영어 낭독을 한다면, 낭독을 하는 재미도 생기고 또 작심삼일이 작심백일로 연장되는 꾸준함도 생겨나지 않을까요? 이에 영어 낭독 훈련을 기초로 한 저의 영어 성우 수업 응용 아이디어를 이런 분들께 적극 추천합니다!

추천 1 가족 낭독 타임을 갖고픈 엄마 아빠!

추천 2 방송반을 활성화 시키고픈 학교 선생님!

추천 3 차별화된 영어 말하기를 해 보고픈 학원/공부방 선생님!

한번 영어 성우 수업 아이디어를 실천 또는 응용해 보시고,
궁금한 내용이 있으면 제게 이메일(grandmentor@naver.com)로 연락해 주세요. 성심껏 피드백해 드리겠습니다.

영어 말문이 열리는 〈영어 낭독 100일 훈련〉의 업그레이드 된 감동을 기대하며

꿈동이 박광희

'영어 낭독 훈련(영낭훈)'이란?

▸ '과연 원어민과 직접 대화하는 것만이 영어 스피킹의 해답인가?'

영어 스피킹 학습자라면 당연하게 여기는 위의 물음에 의문을 던지며 뭔가 보다 한국적 현실에 맞는 영어 스피킹 교육의 대안을 모색하고자 현장 관찰과 연구를 거듭하였습니다. 그 결과 대부분의 학습자들이 아직 원어민과 일대일로 영어로 말할 준비가 되어 있지 않다는 중요하지만 많은 이들이 간과하고 있는 사실을 간파하였습니다. 사실 원어민 선생님이 미국인이든 캐나다인이든, 필리핀인이든 그것은 별 문제가 안 됩니다. 문제의 핵심은 자신의 영어 발음에 확신이 없고, 또 평소 입을 열어 영어로 말하는 연습을 거의 해 본 경험이 없는 학습자가 원어민과의 일대일 대화 상황에 곧장 내몰리는 잘못된 스피킹 교육 현실입니다. 말하자면 훈련 없이 실전에 곧바로 투입되는 운동선수와 같습니다. 그러니 원어민과의 실전 상황에서 제대로 된 스피킹 실력을 발휘할 수가 있겠습니까?

이제 스피킹 하면 원어민과의 회화 수업을 먼저 떠올리는 고정 관념을 깨야 할 때가 되었습니다. 영어가 단지 외국어인 한국적 상황에서 영어 스피킹 학습의 잃어버린 고리(missing link)는 바로 스피킹 기본기 쌓기 훈련입니다. 원어민과의 회화는 스피킹 기본기를 쌓고 난 후에 행하는 실전 연습으로 생각하는 사고의 전환이 필요합니다.

▸ 영어 스피킹을 잘한다는 것은 무엇을 의미할까?

아마도 유창하게 말하기, 즉, 막힘없이 술술 말하는 것이라는 데 대부분 동의하실 겁니다. 그럼, 이렇게 유창하게 말하기 위해 꼭 갖춰야 할 스피킹의 기본기(Speaking Fundamentals)란 과연 무엇일까요?

조금 학술적으로 얘기하자면, 영어 어휘 수준이 어느 정도 갖춰져 있어 무의식적으로 이해할 수 있는 어휘(sight words)가 풍부하며, 자연스럽게 발성과 속도를 조절할 수 있고, 의미 단위로 적절하게 끊어 말하기(phrasing)를 할 수 있는 능력을 말합니다.

▸ 그렇다면 스피킹의 기본기는 어떻게 마스터할 수 있을까?

바로 자신의 리딩(Reading)이 아닌 스피킹(Speaking) 수준에 맞는 영어 책을 골라, 원어민이 녹음한 자연스런 발음을 들으면서 큰 소리로 따라 말하기 훈련을 끈기 있게 실천해야 합니다. 이런 훈련을 보통 외국어 교육에서는 섀도우 스피킹(shadow speaking)이라고 부릅니다. 섀도우 스피킹이란, 원어민이 말하는 것을 들으면서 그림자(shadow)처럼 따라 말하기를 하는 일종의 낭독 훈련입니다. 이러한 낭독 훈련을 통해 학습자는 어휘, 문법, 발음 등 영어의 모든 요소가 담겨 있는 정제된 문장을 반복해 소리 내어 읽음으로써 다양한 영어 표현을 자연스럽게 익힐 수 있습니다. 뿐만 아니라 연음, 축약, 생략, 첨가 등의 각종 발음 현상을 단지 듣는 데 그치지 않고 직접 큰 소리로 읽는 연습을 통해 자기 것으로 만들 수가 있습니다. 유창한 발음은 결코 '듣는 것' 자체만으로는 습득할 수 없습니다. 직접 소리 내어 발음을 해봐야 비로소 자기 것이 됩니다. 결론적으로 스피킹 기본기는 낭독 훈련을 통해 가장 효과적으로 길러집니다.

100일 동안만 하루에 20분씩 영낭훈을 실천할 수 있다면 스스로도 놀랄 만큼 입이 열리고, 귀가 뚫리는 경험을 하게 될 겁니다. 자신감도 생길 것이고요. 그리고 입이 슬슬 근질거리면서 원어민과 한번 대화하고 싶다는 충동이 마음속에서 솟구칠 겁니다. 바로 이때 전화 혹은 화상 통화를 하든, 만나서 대화를 하든 원어민과 일대일 회화를 시작하는 겁니다. 그래야 비로소 스피킹 실력 향상과 더불어 영어로 말하는 재미와 묘미를 느끼게 됩니다.

마지막으로 한 가지 당부 드리고 싶은 것은, 영낭훈이 스피킹 학습의 끝이 아니라는 것입니다. 기본기가 닦였다고 하산해 버리는 수련생이 어디 있겠습니까? 탄탄한 기본기 위에 자신만의 필살기로 무장을 해야지요. 결국 꺼내서 말할 수 있는 영어 문장과 화제들이 머릿속에 채워져 있지 않다면 큰 소용이 없습니다. 다시 말해 꾸준한 암송과 독서를 통해 내용물을 채워 넣는 노력을 게을리 하지 말아야 합니다. 그래야 비로소 스피킹 학습이 완성되는 것입니다.

《 '한국적 영어 환경(EFL)'에 맞는 영어 스피킹 학습법 》

Step1: Shadow Speaking	*Step2: Guided Speaking*	*Step3: Creative Speaking*
낭독 훈련으로 스피킹 기본기 다지기	암송으로 스피킹에 날개 달기	독서로 스피킹을 위한 내용물 채우기

영낭훈, 그것이 궁금하다! Best 5

Q 큰소리로 읽기만 해도 영어 실력이 향상되나요?

A 낭독은 영어 학습에서 만병통치약은 아닙니다. 다만 스피킹의 기본기를 쌓는 데 암송과 더불어 효과적인 방법이죠. '영낭훈'을 꾸준히 실천하다 보면 '콩글리시' 발음이 세탁되고, 영어 문장이 뇌 속에 자동 입력되는 효과를 체험하게 되어 스피킹에 대한 자신감이 생깁니다. 그런 후에 원어민과 일대일 회화를 시작해야 비로소 스피킹 실력의 향상이 이루어집니다. 더불어 영어 자체에 대한 흥미와 학습에 대한 동기 부여가 스스로 이루어집니다.

Q 어느 정도의 영어 실력을 갖추고 있어야 낭독 훈련을 시작할 수 있나요? 아이의 영어 교육을 낭독 훈련으로 시작해도 될까요?

A 낭독 훈련은 일찍 시작하면 할수록 좋습니다. 이때 걸림돌은 부모의 경직된 문법 및 독해 중심의 학습 사고입니다. '레벨 타령'은 그만하세요. 중요한 것은 '수준'이 아니라 '실천'입니다. 그리고 낭독을 할 때 아이들에게 단어를 찾게 하거나 꼬치꼬치 해석을 시키지 마세요. 대신 아이들에게 영어를 듣고 말하는 순수한 즐거움을 맛보게 해 주세요. 그러면 부모의 강요가 아니라 아이들 스스로 단어나 문법에 대한 궁금증을 해결하려고 할 것입니다. 낭독을 '훈련'이 아닌 '학습'으로 여기는 부모들은 십중팔구 실패합니다. 일례로 어떤 부모는 자기 아이에게 오디오에서 들리는 대로 영어 스펠링이 아닌 우리말로 꾸준히 써 보게 격려하였답니다. 결국 그 아이는 6개월 후 영어 발음과 청취가 몰라보게 달라졌을 뿐 아니라, 더욱 중요한 사실은 영어에 흥미를 갖게 되었다는 것입니다.

Q 좋은 낭독 훈련 교재를 고르는 기준은 무엇인가요?

A 영낭훈 교재를 고를 때 명심할 것은 Reading이 아니라 Speaking의 관점에서 판단

해야 한다는 겁니다. 따라서 산문체의 무미건조한 책보다는 대화체 문장의 비중이 최소한 20% 이상인 스토리 위주의 책을 선택하는 것이 좋습니다. 그리고 오디오 자료를 구할 수 있는지 여부도 중요한 체크 사항입니다. 또 책의 진체 또는 일부를 암송하기에 적절한 분량이나 구성이면 더욱 좋겠지요. 하지만 '목수가 대패 탓만 한다'고 좋은 교재 타령을 늘어놓기 전에 일단 집에 있는 오디오가 딸린 영어 책부터 한번 훑어보세요. 그래서 한 권을 골라 영낭훈을 시작하세요. 그러면 자기에게 맞는 '맞춤 낭독 교재'에 대한 기준과 감도 자연스레 올 겁니다.

Q **낭독 훈련을 할 때 모르는 단어가 나오면 어떻게 해야 할까요?**

A 한때 우리나라에서도 베스트셀러가 된 일본인 교수가 쓴 〈초학습법〉이란 책이 있습니다. 거기에 보면 학습 원칙 중 "80%만 이해하면 넘어가라"는 구절이 있습니다. 나머지 20%는 나중에 자연스레 해결이 된다는 거지요. 영낭훈의 경우도, 많은 사람들이 처음부터 100% 이해하고 넘어가려고 모르는 단어나 문법이 나올 때마다 머리를 싸매지요. 그래서는 결국 제풀에 나가떨어집니다. 처음 낭독을 시작할 때는 80%가 아니라 50%만 이해하고 넘어가도 괜찮습니다. 모르는 단어가 있으면 일단 그냥 건너뛰세요. 그리고 단어가 아닌 스토리에 집중하세요. 그러면 웬만한 단어들은 나중에 찾아보아도 충분할 겁니다.

Q **낭독 훈련을 하면서 암송으로까지 이어져야 한다고 하셨는데 그럼 암송은 언제쯤 하나요?**

A 낭독과 암송을 동시에 할 수도 있지만 그러면 암송에 대한 부담감으로 인해 오히려 낭독에 집중하지 못하는 역효과가 생기기도 합니다. 자칫 의욕이 너무 앞서 제풀에 나가떨어지고 말지요. 그러니 처음 100일 동안은 낭독에 집중하세요. 그래서 어느 정도 자연스런 영어 발음에 익숙해지고 또 영어로 말하는 것에 자신감이 생기면 그 다음에는 스크립트를 보지 말고 암송을 하여 '2차 100일 영낭훈 프로젝트'에 도전하세요. 그리고 영낭훈의 효과를 100% 체감하시려면 중간에 적절한 휴식기를 가지며 주기적으로 '100일 영낭훈 프로젝트'를 반복실행하세요. 그래서 나중에는 스크립트를 보지 않고도 '자동 암송'을 통해 입에서 술술 영어가 튀어나올 수 있는 경지에 도달하세요. 바로 그 시점이 '영어 임계점'을 돌파하는 순간입니다.

이 책의 구성

이틀에 낭독 스크립트 하나씩을 학습하여 100일 동안 3단계 총 50개의 낭독 스크립트를 독파한다!

'영낭훈 표준 프로세스'에 따라 구성된 교재 step에 따라 훈련한다!

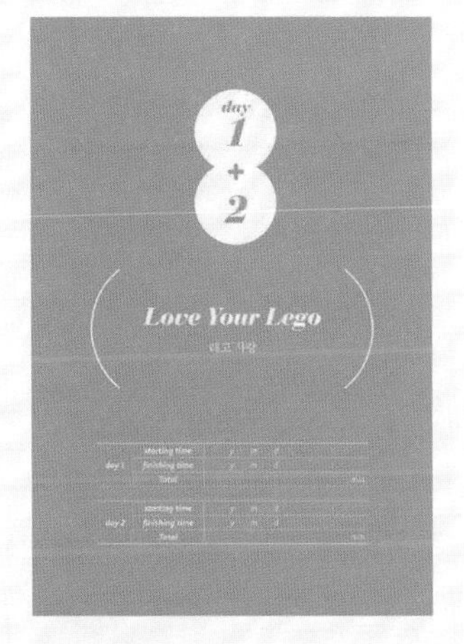
day 1 + 2

Love Your Lego

레고 사랑

day 1	starting time	
	finishing time	
	Total	
day 2	starting time	
	finishing time	
	Total	

훈련일지 작성

낭독 훈련을 시작하고 끝마친 날짜 및 시간, 그리고 총 훈련 시간 기록하기

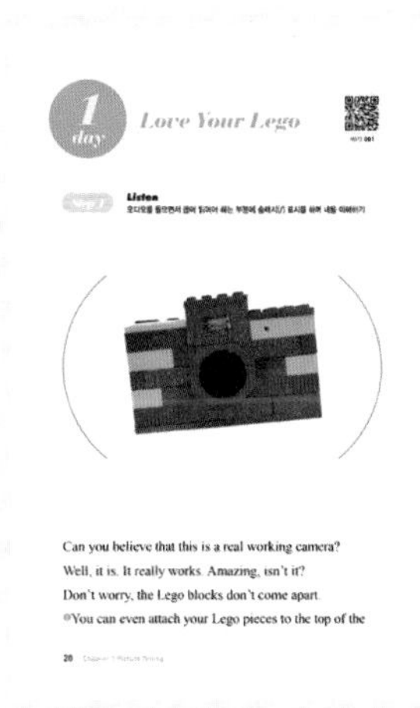
1 day Love Your Lego

Step 1 Listen

Can you believe that this is a real working camera?
Well, it is. It really works. Amazing, isn't it?
Don't worry, the Lego blocks don't come apart.
You can even attach your Lego pieces to the top of the

20

STEP 1 : Listen

「Voca Check」를 참조하여 오디오를 들으면서 끊어 읽어야 하는 부분에 슬래시(/) 표시를 하며 스크립트 내용 이해하기

낭독 코치의 족집게 조언

1 You can even attach your Lego pieces / to the top of the camera / if you like.

2 Have you ever built something fun out of Lego?

3 Wow, he must have been very creative.

Step 2 Listen & Repeat

Step 3 Shadowspeak

22

STEP 2~3 : Listen & Repeat & Shadowspeak

「낭독 코치의 족집게 조언」을 참조하여 스크립트를 보고, 오디오를 들으면서 큰소리로 따라 5회 말하고 섀도우스피킹 하기

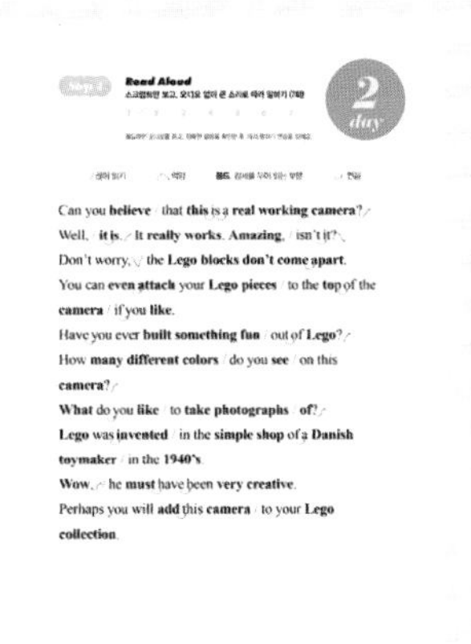
Step 4 Read Aloud

2 day

Can you believe / that this is a real working camera?
Well, / it is. / It really works. Amazing, / isn't it?
Don't worry, / the Lego blocks don't come apart.
You can even attach your Lego pieces / to the top of the camera / if you like.
Have you ever built something fun / out of Lego?
How many different colors / do you see / on this camera?
What do you like / to take photographs / of?
Lego was invented / in the simple shop of a Danish toymaker / in the 1940's.
Wow, / he must have been very creative.
Perhaps you will add this camera / to your Lego collection.

23

STEP 4 : Read Aloud

끊어 읽기, 강하게 읽기, 억양, 연음 등이 표시된 스크립트만을 보면서 오디오 없이 큰 소리로 7회 따라 말하기

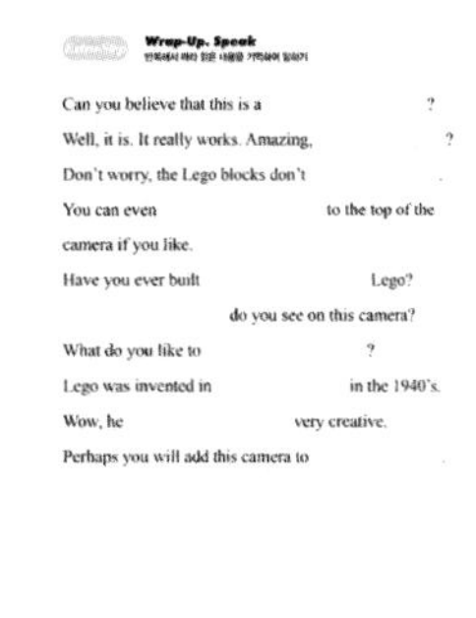
Wrap-Up, Speak

Can you believe that this is a ?
Well, it is. It really works. Amazing, ?
Don't worry, the Lego blocks don't
You can even to the top of the camera if you like.
Have you ever built Lego?
do you see on this camera?
What do you like to ?
Lego was invented in in the 1940's.
Wow, he very creative.
Perhaps you will add this camera to

24

EXTRA-STEP : Wrap-up, Speak

이틀 동안 반복해서 따라 읽은 스크립트의 내용을 기억하여 빈칸에 들어갈 단어나 표현을 채워 넣으며 말하기

| 낭독과 암송을 동시에 학습할 수 있는 최초의 영어 낭독 훈련용 교재 |

영어 낭독만을 할 수 있는 책들은 주변에서 어렵잖게 구할 수 있습니다. 오디오가 딸려 있는 영어 동화나 소설책, 명연설문 등이 모두 훌륭한 영어 낭독 교재들이죠. 하지만 실용 영어에 바탕을 둔 낭독과 암송을 동시에 학습할 수 있는 교재를 원한다면 딱히 마땅한 것을 찾기가 어렵습니다. 영어 동화책이나 소설책을 가지고 낭독 훈련을 할 수는 있지만, 암송까지 하기에는 분량이 너무 많지요. 굳이 책을 몽땅 외울 필요도 없고요. 또, 명연설문은 쓰이는 영어 단어나 표현이 일상 영어에서 활용하기에는 다소 무리가 있다는 문제가 있지요. 암송 측면까지 고려한다면 영어 동화나 소설책 그리고 명연설문은 바람직한 낭독 교재의 대안이 아닙니다. 그래서 낭독과 암송을 동시에 훈련할 수 있도록 특별히 개발된 책이 바로 이 〈영어 낭독 100일 훈련〉입니다.

| 내용과 난이도에 따라 3단계로 구성된 낭독 스크립트 |

교재를 기획하면서 학습 내용과 영어 난이도에 따라 낭독 스크립트를 3단계로 구성하였습니다. 1단계는 사진을 보고 설명하는 Picture Telling, 2단계는 이솝우화나 명작동화를 요약해서 말하는 Tale Telling, 3단계는 〈빨강머리 앤〉이나 〈베니스의 상인〉과 같은 명작 고전 소설을 요약해서 말하는 Novel Telling입니다. 이렇게 구성한 이유는 매 단계마다 내용을 달리함으로써 학습의 단조로움과 지루함을 덜고, 어휘나 문법의 수준을 단계별로 조절함으로써 자연스레 학습의 난이도와 능률을 높일 수 있게 하기 위해서입니다.
이 3단계 낭독 스크립트의 집필을 위해 유능한 캐나다인 전현직 교사들로 이루어진 '영낭훈 연구팀'을 특별 구성했습니다. 다양한 배경을 가진 집필 교사들은 모두 자녀들 또는 자신이 가르치는 학생들에게 규칙적으로 책을 많이 읽어 준다는 공통점을 갖고 있지요.

| '하루 20분 100일' 영어 낭독 훈련 완주를 위한 다이어리 형식 |

이 책의 탄생 배경은 "하루 20분 100일간의 낭독 훈련으로 영어로 입이 열리는 감동을 경험하라!"라는 실천 메시지였습니다. 그러자면 책의 형식도 획일적인 것에서 벗어나 꾸준한 낭독 훈련 실천에 도움이 되는 형태가 되어야만 한다고 생각했죠. 그래서 도달한 것이 다이어리 형식입니다.

요즘 같은 스마트폰 시대에도 꽤 많은 사람들이 아직 플래너나 시스템 다이어리를 사용하는 이유가 뭘까요? 바로 펜으로 매일 손수 무언가를 쓰고 들여다봄으로써 자신이 세운 목표를 마음에 항상 되새기면서 나태해짐을 막으려는 거죠. 교재를 다이어리의 형식으로 디자인한 이유 역시 마찬가지예요. 낭독 훈련을 시작하고 끝마친 시간과 총 연습 시간을 기록하고, 오디오를 들으며 스크립트에 끊어 읽기 표시를 하고, 또 정해진 step에 따라 낭독을 1회 마칠 때 마다 ∨ 표시를 해나가다 보면 '영낭훈 100일'에 대한 뚜렷한 목표 의식이 생기게 될 것입니다. 그리고 자신도 모르게 조금씩 낭독 훈련에 '중독'이 되어 갈 것입니다. 낭독 훈련에 중독될 때까지 꾸준히 훈련해야 한다는 것을 명심하세요.

영낭훈, 이렇게 실천하고 있어요!

낭독 훈련에 먼저 도전하고 있는 분들의 경험담입니다.
여러분도 나도 할 수 있다는 용기를 충전해 가세요~

텍스트를 안 보고 음성만 들으면서 50번 넘게 따라 읽었습니다. 길거리에서 차 타고 다니는 2시간 정도 중얼중얼했습니다. (첨에는 무슨 내용인가 싶었는데, 차츰 내용도 파악되고 시간이 갈수록 오디오 파일이 천천히 돌아간다고 느껴질 정도로 잘 들리고 입으로 잘 따라가지던 걸요;;)
집에 와서 오디오를 들으며 텍스트를 보고 10번 정도 낭독했습니다. 다시 텍스트 안 보고 오디오를 들으며 10번 정도 했습니다. 녹음은 7번 만에 성공했구요. 실력은 누군가에 못 미쳐도, 노력에 있어서는 누구보다 최고가 되겠습니다. 100일 후의 변화된 제 모습을 기대하며~! ^^

lucid 29

낭독 훈련이 대한민국 영어 울렁증에 대한 해답인지 증명해 보고 싶어요. 많은 사람들이 학창 시절부터 가장 오래 공부하는 과목인 영어. 수학을 그렇게 공부했으면 수학의 신이 되지 않았을지... 그런데도 이 영어에 대한 갈증은 끊이지를 않네요. 언어의 특성상 잠시만 손 놓고 있어도 감을 잃어버리게 되지요. 특히 speaking 실력 소실은 이루 말할 수 없습니다.
100일이면 곰도 사람이 되네요. 토종 한국인도 A급 짝퉁 네이티브 스피커가 될 수 있는 기적이 일어나리라 믿으며 100일을 지내보렵니다.

키르키프

나이 50에 영어화화를 공부하기 위해 무척이나 많은 방법을 써 봤지요. 기본 영문법 동영상 듣기, 100문장 외우기, VOA 듣기 등 나름 애를 써 보았지만 만만치가 않습니다.
그러던 중 직장 상사로부터 영어 낭독 훈련에 관한 소개를 받고 오늘 드디어 글을 올리네요. 습관에 관한 특집 방송을 보고 느낀 점이 많았는데 영낭훈이 습관, 즉, 매일 100일간 하는 영어 훈련이라서 당장 도전장을 던집니다.

bridgelo

지난 시간 동안 영어를 잘해 보려고 여러 가지 방법을 시도해 보았지만 결과는 씁쓸했습니다. 그러면서 머릿속에는 영어는 보통의 학습이나 공부가 아닌 훈련의 개념으로 시작하여야만 결과를 얻을 수 있다는 생각을 하기에 이르렀습니다.
영어는 어려운 문장들을 독해하고 이해하는 것이 아닌, 쉬운 문장을 수십 번 반복하는 것으로 기본기를 만들고 그 기본기의 틀 속에서 어휘력이 폭발적으로 발전할 수 있을 것이라 생각합니다.
하지만 우리는 쉬운 것을 끈기 있게 반복하기보다는 어려운 것들을 찾아서 독해하고 이해하는 학습을 하고 있나 봅니다.
이런 원리는 깨우치고 있지만 저 또한 유명한 야구 선수가 하루에 똑같은 베팅을 수천 번하여 자세를 만드는 것처럼 혼자서 영어를 훈련하는 자세가 부족하여 아직 아무것도 이루지 못했습니다.
그러다 영어 낭독 훈련에 대해 알게 되었고, 이후 영어를 자기수양의 완성이며 성실의 증거로 삼아 영어 낭독 100일 훈련에 도전하기로 했습니다. 시작도 중요하지만 될 때까지 하고야 마는 끈기가 중요하기에 영어 낭독 훈련에 큰 기대를 가져봅니다.

youngs8992

읽고 듣는 것도 중요하지만 이번에 입도 한번 틔워 보자고 맘을 먹고 오늘 start를 하였습니다. 책엔 하루 20분으로 되어 있어서 아침 30분만 하려고 했는데... 개인적으로 부족한 느낌에 저녁에도 30분을 해 버렸습니다. 감기 걸려서 기침 중이고, 하루 종일 목을 쓰고 와서 그런지 목이 넘 칼칼해요...^^그래도 첫 단추를 끼웠다는 뿌듯함은 있습니다.
개인적으로는 앞으로 낭독 훈련 100일... 사실 세 달을 일차 목표로 잡고 있습니다만... 오디오북 리딩을 같이 해서 세 달 후에 좀 뭔가 확 트이는 느낌이 오면 좋겠습니다. 리딩에서는 개인적으로 소기의 성과를 거두고 있다는 생각에... 낭독 훈련으로 입이 조금이라도 부드러워졌으면 ^^;; 하는 걸 목표로요. 그래도 100일을 하는데 뭔가 변하지 않겠어!! 하는 맘으로 해 보렵니다.
정말 어학은 왕도가 없고 꾸준함이 중요한 것 같아요. 앞으로는 100일 실천란에 day를 붙여가며 실천해 보아야겠습니다.
모두 홧팅하시길 바라요~~

DoctorBJ

CONTENTS

Chapter 01 PICTURE Telling 사진 보고 설명하기

Chapter 02 TALE Telling 동화 읽기

Chapter 03 NOVEL Telling 소설 읽기

Chapter 01

PICTURE Telling

Love Your Lego

레고 사랑

day 1	starting time	y m d :
	finishing time	y m d :
	Total	min.

day 2	starting time	y m d :
	finishing time	y m d :
	Total	min.

Love Your Lego

MP3 **001**

Listen
오디오를 들으면서 끊어 읽어야 하는 부분에 슬래시(/) 표시를 하며 내용 이해하기

Can you believe that this is a real working camera?

Well, it is. It really works. Amazing, isn't it?

Don't worry, the Lego blocks don't come apart.

❶You can even attach your Lego pieces to the top of the

camera if you like.

❷Have you ever built something fun out of Lego?

How many different colors do you see on this camera?

What do you like to take photographs of?

Lego was invented in the simple shop of a Danish toymaker in the 1940's.

❸Wow, he must have been very creative.

Perhaps you will add this camera to your Lego collection.

Voca Check

amazing 놀라운, 엄청난 | come apart 무너지다 | attach 붙이다, 쌓다 | take a photograph of ~의 사진을 찍다 | Danish 덴마크의 *cf.* Denmark 덴마크 | collection 수집(품)

낭독 코치의 족집게 조언

1 You can even attach your Lego pieces / to the top of the camera / if you like.

끊어 읽기 문장이 조금 길다 싶을 때는 끊어 읽기에 신경을 쓰세요. 이때 끊어 읽기의 기준은 '의미 덩어리' 또는 '생각 단위'예요. 이 문장에서 작은 의미 덩어리들인 to 전치사구문과 if절 앞에서 각각 끊어 읽으면 훨씬 정확히 의미를 전달할 수 있죠.

2 Have you ever built something fun out of Lego?

연음 나란히 쓰인 두 단어의 시작과 끝 음절을 자연스럽게 이어서 발음하는 연음(Liaison) 현상은 영어 발음과 리스닝을 어렵게 만드는 주범이에요. 그러므로 연음은 각별히 신경을 써야 해요. 예컨대, 이 문장에서 Have와 you를 [해브 유]가 아니라 두 단어를 이어서 [해뷰], 그리고 out of 역시 [아웃 어브]로 두 단어를 각각 따로 발음하지 말고 마치 한 단어처럼 [아우러(브)]로 발음하는 거예요.

3 Wow, he must have been very creative.

발음 두 소리가 겹쳐질 때는 앞의 소리를 아주 약하게 마치 받침처럼 발음을 해요. 예컨대, bad day를 발음할 경우, 겹치는 d 발음 중 앞의 d 발음이 약화되어 [배드 데이]가 아니라 마치 받침처럼 [뱃 데이]로 발음을 하는 거예요. 이 문장의 have been의 경우도 두 단어를 각각 또렷이 [해브 빈]이라고 발음하지 말고 겹치는 -ve와 b- 발음 중 -ve를 아주 약하게 하여 마치 받침처럼 [햅빈]으로 발음하세요. 특히 문장을 빨리 읽을수록 이러한 발음 현상이 더욱 두드러지죠.

Step 2 ***Listen & Repeat***
스크립트 보고, 오디오 들으며 큰 소리로 따라 말하기 (5회)

1 ☑ 2 ☐ 3 ☐ 4 ☐ 5 ☐

Step 3 ***Shadowspeak***
스크립트 없이, 오디오만 들으며 큰 소리로 따라 말하기 (7회)

1 ☑ 2 ☐ 3 ☐ 4 ☐ 5 ☐ 6 ☐ 7 ☐

Read Aloud
스크립트만 보고, 오디오 없이 큰 소리로 따라 말하기 (7회)

1 2 3 4 5 6 7

필요하면 오디오를 듣고, 정확한 발음을 확인한 후, 따라 말하기 연습을 하세요.

/ 끊어 읽기 ↗↘ 억양 **볼드** 강세를 두어 읽는 부분 ◡ 연음

Can you **believe** / that **this** is a **real working camera**?↗

Well, / **it is**.↗ It **really works**. **Amazing**, / isn't it?↘

Don't worry,↘/ the **Lego blocks don't come apart**.

You can **even attach** your **Lego pieces** / to the **top** of the **camera** / if you **like**.

Have you ever **built something fun** / out of **Lego**?↗

How **many different colors** / do you **see** / on this **camera**?↗

What do you **like** / to **take photographs** / **of**?↗

Lego was **invented** / in the **simple shop** of a **Danish toymaker** / in the **1940's**.

Wow,↗/ he **must** have been **very creative**.

Perhaps you will **add** this **camera** / to your **Lego collection**.

Extra-Step

Wrap-Up. Speak

반복해서 따라 읽은 내용을 기억하여 말하기

Can you believe that this is a ______________?

Well, it is. It really works. Amazing, ______________?

Don’t worry, the Lego blocks don’t ______________.

You can even ______________ to the top of the camera if you like.

Have you ever built ______________ Lego?

______________ do you see on this camera?

What do you like to ______________?

Lego was invented in ______________ in the 1940’s.

Wow, he ______________ very creative.

Perhaps you will add this camera to ______________.

Shopping Is Fun

재미있는 쇼핑

day 3	starting time	y m d :
	finishing time	y m d :
	Total	min.

day 4	starting time	y m d :
	finishing time	y m d :
	Total	min.

Shopping Is Fun

MP3 **002**

Listen

오디오를 들으면서 끊어 읽어야 하는 부분에 슬래시(/) 표시를 하며 내용 이해하기

❶There are many things to see in this photograph.

Do you know what is happening? Yes, they are shopping.

This dad is buying something for his son.

Can you figure out what it is?

❷I think that he is holding a bag of diapers.

Wow, there are many different diapers to choose from.

I wonder how much money a bag of diapers costs. Do you know?

The little boy has a nice jacket.

Do you see the sunshine on his jacket? Look very closely.

What kind of ball is on his green shirt?

❸Maybe he can find a new soccer ball at this store too.

Well, time to go pay for the diapers.

Voca Check

figure out 짐작하다 | a bag of diapers 기저귀 한 봉투 | choose from (여러 개 중에서) 고르다
jacket 웃옷, 반코트 | go pay for the diapers 기저귀 값을 지불하러 가다
cf. pay for ~의 값을 지불하다

낭독 코치의 족집게 조언

There are many things to see / in this photograph.

끊어 읽기 to see는 many things를 뒤에서 꾸며주는 역할을 하므로 many things to see를 하나의 표현처럼 붙여서 읽고, in this photograph 앞에서 아주 짧게 끊어 읽도록 하세요.

I think that he is holding a bag of diapers.

리듬 영어에서는 문장 내 모든 단어를 똑같은 강세로 읽지 않아요. 강하게 읽는 부분과 약하게 읽는 부분이 있기 마련이죠. 이 문장에서도 내용의 중요 부분에 해당하는 단어들인 I, think, holding, bag, diapers는 강하게 읽는 반면, 상대적으로 중요도가 떨어지는 일종의 기능어들인 that, he, is, a, of 등은 약하게 발음해요.

Maybe he can find a new soccer ball at this store too.

발음 이 문장에서 this store의 경우는 두 단어를 또렷이 [디스 스토어]라고 발음하게 되면 오히려 힘들고 어색해요. 왜냐하면 [디스]와 [스토어]에서 [스]가 중복되어 발음되기 때문이죠. 이때는 [디스]에서 [스]를 뺀 채 [디스토어]처럼 발음하는 것이 훨씬 경제적이고 자연스럽답니다.

Step 2 ***Listen & Repeat***
스크립트 보고, 오디오 들으며 큰 소리로 따라 말하기 (5회)
1 ☑ 2 ☐ 3 ☐ 4 ☐ 5 ☐

Step 3 ***Shadowspeak***
스크립트 없이, 오디오만 들으며 큰 소리로 따라 말하기 (7회)
1 ☑ 2 ☐ 3 ☐ 4 ☐ 5 ☐ 6 ☐ 7 ☐

Read Aloud

스크립트만 보고, 오디오 없이 큰 소리로 따라 말하기 (7회)

1 2 3 4 5 6 7

필요하면 오디오를 듣고, 정확한 발음을 확인한 후, 따라 말하기 연습을 하세요.

/ 끊어 읽기 억양 **볼드** 강세를 두어 읽는 부분 연음

There are **many things** to **see** / in this **photograph**.

Do you know / **what** is **happening**?

Yes, / **they** are **shopping**.

This dad is **buying something** / for his **son**.

Can you **figure out** / **what** it is?

I think / that he is **holding** a **bag** of **diapers**.

Wow, / **there** are **many different diapers** / to **choose** from.

I **wonder** / **how much money** a **bag** of **diapers costs**.

Do you know?

The **little boy** / has a **nice jacket**.

Do you **see** the **sunshine** / on his **jacket**?

Look very **closely**.

What kind of **ball** / is on his **green shirt**?

Maybe / he can **find** a **new soccer ball** / at **this store** too.

Well, / **time** to **go pay** for the **diapers**.

Wrap-Up. Speak
반복해서 따라 읽은 내용을 기억하여 말하기

There are .... in this photograph.

Do you know ....?

Yes, they are shopping.

This dad is .... for his son.

Can you .... what it is?

I think that he is ....

Wow, there are many different diapers ....

.... how much money a bag of diapers costs.

Do you know?

The little boy has ....

Do you see the sunshine on his jacket?

Look ....

.... is on his green shirt?

Maybe he can .... at this store too.

Well, time to ....

Traffic Light

신호등

day 5	starting time	y m d :
	finishing time	y m d :
	Total	min.

day 6	starting time	y m d :
	finishing time	y m d :
	Total	min.

Traffic Light

Listen

오디오를 들으면서 끊어 읽어야 하는 부분에 슬래시(/) 표시를 하며 내용 이해하기

Pay attention! Stop! Turn Left! Go Straight! Watch out for bicycles!

❶This colourful machine will tell you when you should stop or go.

Which color means "Stop"? Which color means "Go"?

❷Oh, the left turn light is red, please stop!

Look, the green light tells you that you can go straight now.

What happens if you don't obey the traffic lights?

Oh, no, you might have an accident! ❸These bright lights are not for a party.

They are important working lights.

They keep bikes and cars moving in the right direction at the right time.

Lights like these are used all over the world.

They also work in the same way everywhere.

Voca Check

pay attention 주의를 기울이다 | watch out for ~을 조심하다 | obey the traffic lights 신호등을 지키다 | bike 자전거(bicycle의 줄임말) *cf.* tricycle 세발 자전거 | direction 방향

낭독 코치의 족집게 조언

1 This colourful machine will tell you when you should stop↗ or go↘.

억양 or로 연결된 둘 중의 하나를 선택하는 의문문의 경우는 흔히 or 앞부분에서 억양을 올렸다가 or 다음에서 억양을 내리는 식으로 발음해요. 예컨대 Which do you like better, tea or coffee ?의 경우, tea에서 억양을 올렸다가 coffee에서 억양을 낮추는 식으로 발음을 하죠. 한편 or 앞뒤에 반대어들이 사용된 경우 역시 or 앞에서 억양을 올렸다가 or 다음에서 억양을 내리는 식으로 발음을 하죠. 그러므로 반대어인 stop과 go가 or로 연결된 이 문장의 경우도 stop에서 억양을 올렸다가 go에서 억양을 내리는 식으로 발음하세요. 그러면 리드미컬하게 들리죠.

2 Oh, / the left turn light is red, / please stop!

끊어 읽기 콤마(,)가 문장 내에 있으면 그 뒤에서 잠시 끊어 읽어요. 그러니까 이 문장에서는 Oh와 red 다음에 짧게 끊어 읽기를 하세요.

3 These bright lights are not for a party.

발음 r과 l을 정확히 구분해 발음하는 것은 한국인들에게는 꽤나 힘든 일이에요. 이때 한 가지 요령은 r을 발음할 때는 [뤄], [롸], 그리고 l을 발음할 때는 [리], [라]를 발음하는 기분으로 하는 거예요. 예컨대, reader와 bright를 발음할 때는 [뤄더], [브롸잇]처럼, 그리고 leader와 light의 경우는 [리더], [라잇]처럼 발음하는 거죠. 물론 이것은 규칙이라기 보다는 하나의 요령이에요. 중요한 것은 부단히 발음 연습을 함으로써 '머리'가 아닌 '입'으로 r과 l의 발음을 구분해 말하는 능력을 키우는 거예요.

Step 2 **Listen & Repeat**
스크립트 보고, 오디오 들으며 큰 소리로 따라 말하기 (5회)

1 ☑ 2 ☐ 3 ☐ 4 ☐ 5 ☐

Step 3 **Shadowspeak**
스크립트 없이, 오디오만 들으며 큰 소리로 따라 말하기 (7회)

1 ☑ 2 ☐ 3 ☐ 4 ☐ 5 ☐ 6 ☐ 7 ☐

Read Aloud

스크립트만 보고, 오디오 없이 큰 소리로 따라 말하기 (7회)

필요하면 오디오를 듣고, 정확한 발음을 확인한 후, 따라 말하기 연습을 하세요.

/ 끊어 읽기 ↗↘ 억양 **볼드** 강세를 두어 읽는 부분 ◡ 연음

Pay attention! Stop! Turn Left! Go Straight!

Watch out for **bicycles**!↗

This **colorful machine** / will **tell** you / when you should **stop**↗/ or **go**.↘

Which color means "**Stop**"?↗

Which color means "**Go**"?↘

Oh, / the **left turn light** is **red**, / please **stop**!

Look, / the **green light tells** you / that you can **go straight** now.

What happens / if you **don't obey** the **traffic lights**?↘

Oh, no, / you **might** have an **accident**!

These bright lights are **not** for a **party**.

They are **important working lights**.

They **keep bikes** and **cars** / **moving** in the **right direction** / at the **right time**.

Lights like **these** are **used** / **all** over the **world**.

They also **work** in the **same way** / **everywhere**.

Pay attention! Stop! Turn Left! Go Straight!

__________ for bicycles!

This colourful machine will tell you __________.

Which color means "Stop"?

Which color means __________?

Oh, __________, please stop!

Look, the green light tells you that you can __________

now.

__________ if you don't obey the traffic lights?

Oh, no, you might __________!

These bright lights are not __________.

They are important __________.

They keep bikes and cars moving __________

at the right time.

Lights like these are used all __________.

They also work __________ everywhere.

Super-dog

슈퍼 독

day 7	starting time	y m d :
	finishing time	y m d :
	Total	min.

day 8	starting time	y m d :
	finishing time	y m d :
	Total	min.

Listen
오디오를 들으면서 끊어 읽어야 하는 부분에 슬래시(/) 표시를 하며 내용 이해하기

Hello, my name is Super-dog.

I am a great super hero. ❶I look awesome, don't I?

I am the world's most popular and powerful dog.

I can fly faster than a jet plane.

I can lift giant dinosaur bones with my mouth. I can run faster than a train.

❷I wear my Super-dog suit when it's time to help someone like you.

Do you like my super-suit? Which three colors do you see on my suit?

You got it! Good job. My suit is red, blue and yellow.

Those are my favorite colors.

❸I like to read books about dogs.

I don't like to read books about cats.

What kind of books do you like to read?

Good-bye now. Be a super-kid!

Voca Check

awesome 근사한, 굉장한 *cf.* awe 놀라움, 감탄 | lift 들어 올리다 | dinosaur bone 공룡 뼈 | suit 옷, 복장

낭독 코치의 족집게 조언

1 I look awesome↘, don't I↗?

억양 Jane is beautiful↘, isn't she↗?와 같은 부가의문문의 경우는 콤마 바로 앞에서 억양을 내렸다가 문장 끝에서 다시 억양을 올리는 식으로 발음해요. 그러면 억양을 통해 부가의문문을 사용하는 의도를 분명히 나타낼 수 있지요. 이 문장도 콤마 바로 앞의 awesome에서 억양을 내렸다가 문장 끝에서 억양을 높이는 식으로 발음하세요.

2 I wear my Super-dog suit / when it's time to help / someone like you.

끊어 읽기 이 문장은 시간을 나타내는 접속사 when을 사이에 두고 두 개의 큰 의미 덩어리로 나누어져요. 따라서 부사절을 이끄는 when 앞에서 끊어 읽어야 해요. 그리고 when으로 시작하는 부사절 내에서도 '어떤 때'인지를 설명하는 작은 의미 덩어리인 it's time to help 다음에서 잠시 끊어 읽으면 효과적으로 의미 전달을 할 수 있죠. 이처럼 어디서 끊어 읽는지만 보아도 그 사람이 문장을 제대로 이해하고 읽는지를 대충 짐작할 수 있어요.

3 I like to read books about dogs.

연음 두 단어를 자연스럽게 이어서 발음하는 연음은 각별히 신경을 써야 해요. 영어에서 연음이 일어나는 경우는 여러 가지예요. 그 중 하나가 r이나 s로 끝나는 단어가 바로 이어서 모음으로 시작하는 단어와 만날 때예요. 예컨대 cheer up의 경우 r이 그 다음에 오는 모음 u와 자연스럽게 이어져 마치 한 단어처럼 [치어럽]으로 발음되요. 또, 이 문장에서도 books about의 경우, books의 복수형 어미 s와 그 다음에 오는 전치사 about의 첫 모음 a가 만나서 마치 [북서-바웃]처럼 발음되죠. 문장을 빨리 읽을 경우 이러한 연음 현상은 보다 뚜렷해진답니다.

Step 2 **Listen & Repeat**
스크립트 보고, 오디오 들으며 큰 소리로 따라 말하기 (5회)

1 ☑ 2 ☐ 3 ☐ 4 ☐ 5 ☐

Step 3 **Shadowspeak**
스크립트 없이, 오디오만 들으며 큰 소리로 따라 말하기 (7회)

1 ☑ 2 ☐ 3 ☐ 4 ☐ 5 ☐ 6 ☐ 7 ☐

Read Aloud
스크립트만 보고, 오디오 없이 큰 소리로 따라 말하기 (7회)

1 2 3 4 5 6 7

필요하면 오디오를 듣고, 정확한 발음을 확인한 후, 따라 말하기 연습을 하세요.

/ 끊어 읽기 억양 **볼드** 강세를 두어 읽는 부분 연음

Hello, / **my name** is **Super-dog**.

I am a **great super hero**. I **look awesome**, / don't I?

I am the **world's most popular** / and **powerful dog**.

I can **fly faster** / than a **jet plane**.

I can **lift** giant **dinosaur bones** / with my **mouth**.

I can **run faster** than a **train**.

I **wear** my **Super-dog suit** / when it's **time** to **help** / **someone** like **you**.

Do you **like** my **super-suit**? **Which three colors** do you **see** / on my **suit**?

You **got it**! **Good job**. My **suit** is **red**, / **blue** / and **yellow**.

Those are my **favorite colors**.

I **like** to **read books** about **dogs**.

I **don't like** to **read books** about **cats**.

What kind of **books** / do you **like** to **read**?

Good-bye now. **Be** a **super-kid**!

Wrap-Up. Speak

반복해서 따라 읽은 내용을 기억하여 말하기

Hello, ______________ is Super-dog.

I am ______________. I ______________, don't I?

I am the world's ______________ dog.

I can fly faster ______________.

I can ______________ with my mouth.

I can run faster than a train.

I wear my Super-dog suit when it's time ______________

______________.

Do you like my super-suit?

______________ do you see on my suit?

______________! Good job.

My suit is red, blue and yellow.

Those are ______________.

I like to read books ______________.

I don't like to read books ______________.

______________ do you like to read?

Good-bye now. ______________!

Bike Ride

자전거 타기

day 9	starting time	y m d :
	finishing time	y m d :
	Total	min.

day 10	starting time	y m d :
	finishing time	y m d :
	Total	min.

MP3 005

Listen

오디오를 들으면서 끊어 읽어야 하는 부분에 슬래시(/) 표시를 하며 내용 이해하기

Let's go outside. It's a beautiful sunny day.

I want to go for a bike ride. I can ride my bike even with no handlebars.

How about you? [1]Biking is a great way to get around.

How fast can you ride your bike? What kind of bike do you ride?

❷I have a mountain bike, like the people in this photograph.

Mountain biking always makes me feel refreshed.

Don't forget to wear your helmet. It is important to be safe.

This is good exercise. Are you tired yet?

Wow, I need some water. ❸Where would you like to ride to?

I like to ride my bike beside the river, on the way to the park.

There is so much to see and enjoy on a bike ride.

Yes, let's go!

Voca Check

ride n.(말, 자전거 따위를) 타기, 여행 v.(말, 자전거 따위를) 타고 가다 | handlebar (자전거의) 핸들, 손잡이 | get around 돌아다니다 | feel refreshed 기분이 상쾌해지다 | wear one's helmet 헬멧을 쓰다 | on the way to ~로 가는 길에

낭독 코치의 족집게 조언

1 **Biking is a great way to get around.**

연음 역시 연음을 연습해볼 수 있는 문장이에요. 그럼 get around를 [겟 어라운드]라고 두 단어를 따로 딱딱하게 발음하지 말고 [게더-라운드]처럼 자연스럽게 이어서 발음하세요.

2 **I have a mountain bike, like the people in this photograph.**

강세 '사진'을 뜻하는 photograph라는 단어의 강세는 앞의 o 음절에 있어요. 따라서 [포터그랍]처럼 발음하죠. 하지만 각각 '사진사'와 '사진술'을 의미하는 photographer와 photography의 경우는 t 다음의 두 번째 o 음절에 강세가 있어요. 따라서 [포타그라퍼]와 [포타그라피]로 발음해요. 이처럼 얼핏 비슷해 보이는 단어들이라도 강세가 어디 있느냐에 따라 발음 자체가 달라지기도 하므로 단어의 강세에 늘 신경을 쓰세요.

3 **Where would you like to ride to?**

발음 ride to를 발음할 때 두 단어를 하나씩 따로 [롸이드 투]라고 발음하면 다소 부자연스럽고 힘들어요. 왜냐하면 비슷한 계열의 음들인 [드]와 [투]를 이어서 발음하는 것이 어렵기 때문이에요. 이때는 앞 단어인 ride에서 -de가 생략된 듯이 [롸이 투]처럼 발음하세요. 마치 write to를 발음하듯이. 그럼 듣는 사람 입장에서는 헷갈릴 수도 있겠죠? 하지만 그런 걱정은 하지 않아도 돼요. 왜냐하면 듣는 사람은 어차피 문맥을 통하여 ride to라고 말했는지, 아니면 write to라고 말했는지를 충분히 짐작할 수 있기 때문이에요.

Step 2 ***Listen & Repeat***

스크립트 보고, 오디오 들으며 큰 소리로 따라 말하기 (5회)

1 ☑ 2 ☐ 3 ☐ 4 ☐ 5 ☐

Step 3 ***Shadowspeak***

스크립트 없이, 오디오만 들으며 큰 소리로 따라 말하기 (7회)

1 ☑ 2 ☐ 3 ☐ 4 ☐ 5 ☐ 6 ☐ 7 ☐

Read Aloud
스크립트만 보고, 오디오 없이 큰 소리로 따라 말하기 (7회)

필요하면 오디오를 듣고, 정확한 발음을 확인한 후, 따라 말하기 연습을 하세요.

/ 끊어 읽기 ↗↘ 억양 **볼드** 강세를 두어 읽는 부분 ‿ 연음

Let's go **outside**. It's a **beautiful sunny day**.

I **want** to **go** for a **bike ride**.

I can **ride** my **bike** / **even** with **no handlebars**.

How about **you**? **Biking** is a **great way** / to **get** around.

How fast / can you **ride** your **bike**?

What kind of **bike** / do you **ride**?

I have a **mountain bike**, / like the **people** in this **photograph**.

Mountain biking / **always makes** me feel **refreshed**.

Don't forget / to **wear** your **helmet**.

It is **important** to be **safe**.

This is **good exercise**. Are you **tired yet**?

Wow, / I **need** some **water**.

Where would you **like** to **ride to**?

I like to **ride** my **bike beside** the **river**, / **on** the **way** to the **park**.

There is **so much** to **see** / and **enjoy** on a **bike ride**.

Yes, / **let's go**!

Wrap-Up. Speak
반복해서 따라 읽은 내용을 기억하여 말하기

Let's ______________ . It's a beautiful sunny day.

I want to ______________ .

I can ride my bike even with no handlebars.

How about you? Biking is a great way ______________ .

______________ can you ride your bike?

What kind of bike do you ride?

I have ______________ , like the people in this photograph.

Mountain biking always makes me ______________ .

Don't forget to ______________ . It is important to be safe.

This is ______________ . Are you tired yet?

Wow, I need some water. Where would you like ______________ ?

I like to ride my bike beside the river, ______________ .

There is ______________ on a bike ride.

Yes, let's go!

Train Ride

기차 여행

day 11	starting time	y m d :
	finishing time	y m d :
	Total	min.

day 12	starting time	y m d :
	finishing time	y m d :
	Total	min.

MP3 **006**

Listen

오디오를 들으면서 끊어 읽어야 하는 부분에 슬래시(/) 표시를 하며 내용 이해하기

Choo Choo! ❶All aboard! It's time for a fantastic train ride.

Our train is taking on a magic trip through the Rocky Mountains.

Look at the scenery. Wow! Look at those big mountains.

Look at the green forest. What else do you see?

❷You can sit on the top floor of the train or on the bottom.

You can even sleep on this train, and order food to eat.

There are not many trains in Canada.

This train is called the Rocky Mountaineer.

It does not go fast like a bullet train.

❸It goes slower so that people can look at the beautiful scenes outside.

This is a special train, and it's very popular with tourists.

A train ride is a good way to see the Rocky Mountains.

Voca Check

choo choo (의성어) 칙칙폭폭 | aboard (배, 기차, 비행기 따위를) 타고, 탑승하고 | take on a magic trip 환상적인 여행을 떠나다 | scenery (집합 명사) 경치, 풍경 *cf.* scene 장면, 경치 | bullet train 총알 열차 | be popular with ~에게 인기가 있다

낭독 코치의 족집게 조언

1 All aboard!

연음 이 표현은 특히 많은 사람들이 잘 알아듣지 못하는 발음이에요. 왜냐하면 원어민들이 [올 어보드]라고 발음하지 않고 aboard의 강세가 두 번째 음절에 있으므로 맨 앞의 a를 앞 단어인 All과 붙여서 마치 [올러-보드]처럼 발음하기 때문이죠. 그래서 많은 사람들이 aboard라는 단어를 떠올리지 못하고 board 앞에 어떤 단어가 쓰인 것처럼 착각을 하는 거예요. 여러분이 영어권 나라에 가서 기차나 배를 탈 때는 아주 자주 들을 수 있는 표현이므로 발음을 잘 기억해두세요.

2 You can sit on the top floor of the train or on the bottom.

리듬 영어는 한 문장 내에서 강세와 약세가 교대로 나타나는 언어예요. 이때 강세(stress)를 주어 강하게 발음하는 단어들은 대개 문장의 주요 성분이 되는 명사, 동사 혹은 형용사들이에요. 반면 기능어들, 즉, 대명사, 조동사, be 동사, 소유 형용사, 전치사, 관사 등은 보통 강세를 넣지 않고 매우 빨리 발음해요. 따라서 이 문장에서도 강세를 주어 강하게 읽어주어야 할 단어들은 sit, top floor, train, bottom이에요. 그리고 나머지 단어들은 빨리 그리고 약하게 읽어주면 되요.

3 It goes slower so that people can look at the beautiful scenes outside.

발음 goes slower를 발음할 때는 두 단어를 힘주어 따로따로 [고우즈 슬로우워]라고 하게 되면 발음하기도 힘들뿐더러 영어의 리듬감이 살지 않아요. 이때는 겹치는 발음인 s를 한 번만 발음하여 [고우--슬로우워]처럼 발음하는 거예요.

Step 2 ***Listen & Repeat***

스크립트 보고, 오디오 들으며 큰 소리로 따라 말하기 (5회)

1 ☑ 2 ☐ 3 ☐ 4 ☐ 5 ☐

Step 3 ***Shadowspeak***

스크립트 없이, 오디오만 들으며 큰 소리로 따라 말하기 (7회)

1 ☑ 2 ☐ 3 ☐ 4 ☐ 5 ☐ 6 ☐ 7 ☐

Read Aloud

스크립트만 보고, 오디오 없이 큰 소리로 따라 말하기 (7회)

1 ☑ 2 ☐ 3 ☐ 4 ☐ 5 ☐ 6 ☐ 7 ☐

필요하면 오디오를 듣고, 정확한 발음을 확인한 후, 따라 말하기 연습을 하세요.

/ 끊어 읽기　↗↘ 억양　**볼드** 강세를 두어 읽는 부분　◡ 연음

Choo Choo! **All aboard**! It's **time** for a **fantastic train ride**.

Our **train** is **taking** on a **magic trip** / through the **Rocky Mountains**.

Look at the **scenery**. **Wow**! **Look** at those **big mountains**.

Look at the **green forest**. **What else** do you **see**?↘

You can **sit** on the **top floor** of the **train** / or on the **bottom**.

You can **even sleep** on this **train**, / and **order food** to **eat**.

There are **not many trains** in **Canada**.

This train is **called** / the **Rocky Mountaineer**.

It does **not go fast** / like a **bullet train**.

It **goes slower** / **so that** people can **look** at the **beautiful scenes outside**.

This is a **special train**, / and it's **very popular** with **tourists**.

A **train ride** / is a **good way** to **see** the **Rocky Mountains**.

Extra-Step

Wrap-Up. Speak

반복해서 따라 읽은 내용을 기억하여 말하기

Choo Choo! ______________________! It's time for a fantastic train ride.

Our train is ______________________ through the Rocky Mountains.

Look ______________. Wow! Look at those big mountains.

Look at the green forest. __________________ do you see?

You can sit ______________________ or on the bottom.

You can even sleep on this train, and __________________.

There are ______________________ in Canada.

This train ______________________ the Rocky Mountaineer.

It does not go fast ______________________.

It goes slower ____________________________ the beautiful scenes outside.

This is a special train, and it's very __________________.

A train ride is a good way ______________________.

See You at the Movies

영화관에서 봐요

day 13	starting time	y m d :
	finishing time	y m d :
	Total	min.

day 14	starting time	y m d :
	finishing time	y m d :
	Total	min.

MP3 007

Step 1 **Listen**
오디오를 들으면서 끊어 읽어야 하는 부분에 슬래시(/) 표시를 하며 내용 이해하기

Who is this funny guy? Where is he? ❶What is he doing? He has big glasses and a big bag of popcorn. Oh, I know! He is at the movie theater! I wonder which movie he is watching?

❷Maybe it's a scary or funny movie. I think that he is watching a special movie.
He is wearing special 3D glasses. ❸Have you watched the megahit film *Avatar*?
You can also see *Avatar* wearing 3D glasses. Hey, is he going to share that popcorn?
Popcorn makes me thirsty. Maybe he will share his drink with me.
Shhhh, please be quiet. We're trying to watch the movie.

Voca Check

funny 웃기는, 우스꽝스러운 *cf.* fun 재미있는 | wear 3D glasses 3D 안경을 쓰다 *cf.* glasses 안경(= spectacles) | scary 무서운, 겁나는 | megahit 대히트

낭독 코치의 족집게 조언

1 What is he↘ doing↗?

억양 문장 끝의 doing의 발음에 신경 쓰세요. 즉, he에서 억양을 조금 내리는 듯하다가 doing에서 다시 억양을 올리는 식으로 발음하세요. 이처럼 doing을 전후하여 내림조와 올림조의 억양을 잘 조절해 발음해주면 문장에 리듬감이 생긴답니다.

2 Maybe it's a scary or funny movie.

발음 단어에서 강세가 두 번째 음절에 놓여 있으면 자연히 첫 음절은 아주 약하게 발음해요. 예컨대 scary의 경우는 두 번째 음절인 ca[kɛə]에 강세가 있으므로 앞에 놓인 s[s]는 아주 약하게, 그리고 강세가 있는 ca[kɛə]는 더욱 힘을 주어 [케어]가 아니라 마치 [께어]라고 말하는 기분으로 발음하세요.

3 Have you watched the megahit film *Avatar*?

발음 이 문장의 watched와 같이 동사의 과거형을 발음할 때 -ed 발음을 너무 의식적으로 강하게 해줄 필요는 없어요. 어차피 원어민들은 발음이 아니라 문맥을 통해 과거의 의미를 알아차릴 테니까요. 더욱이 -ed로 끝나는 과거형 동사 다음에 정관사 the가 올 때는 발음이 겹치므로 -ed를 거의 생략하는 것처럼 발음해버려요. 따라서 이 문장에서도 watched the를 발음할 때 [왓치트-더]가 아니라 [왓치-더]처럼 발음하세요. 이러한 발음에 익숙해져야 나중에 무리 없이 영어 낭독 속도를 끌어올릴 수 있답니다.

Step 2 **Listen & Repeat**
스크립트 보고, 오디오 들으며 큰 소리로 따라 말하기 (5회)

1☑ 2☐ 3☐ 4☐ 5☐

Step 3 **Shadowspeak**
스크립트 없이, 오디오만 들으며 큰 소리로 따라 말하기 (7회)

1☑ 2☐ 3☐ 4☐ 5☐ 6☐ 7☐

Read Aloud

스크립트만 보고, 오디오 없이 큰 소리로 따라 말하기 (7회)

1 ☑ 2 ☐ 3 ☐ 4 ☐ 5 ☐ 6 ☐ 7 ☐

필요하면 오디오를 듣고, 정확한 발음을 확인한 후, 따라 말하기 연습을 하세요.

/ 끊어 읽기 ↗↘ 억양 **볼드** 강세를 두어 읽는 부분 ◡ 연음

Who is this **funny guy**?↘

Where is **he**?↗ **What** is he↘ **doing**?↗

He has **big glasses** / and a **big bag** of **popcorn**.

Oh,↘/ **I**↗ **know**!

He is **at** the **movie theater**!

I **wonder** / **which movie** he is watching?↘

Maybe it's a **scary** / or **funny movie**.

I **think** that / he is **watching** a **special movie**.

He is **wearing special 3D glasses**.

Have you **watched** the **megahit film** / *Avatar*?↗

You can also **see** *Avatar* / **wearing 3D glasses**.

Hey, / is he **going** to **share** that **popcorn**?↗

Popcorn makes me **thirsty**.

Maybe / he will **share** his **drink** with me.

Shhhh, / please be **quiet**.

We're **trying** to **watch** the **movie**.

Wrap-Up. Speak
반복해서 따라 읽은 내용을 기억하여 말하기

Who is this funny guy? Where is he? ______________________?

He has big glasses and ______________________. Oh, I know!

He is at the movie theater!

I wonder ______________________?

Maybe it's ______________________.

I think that he is watching a special movie.

He is ______________________.

Have you watched the megahit film *Avatar*?

You can also see *Avatar* wearing 3D glasses.

Hey, is he going to ______________________?

Popcorn ______________________.

Maybe he will share his drink with me.

Shhhh, please ______________________.

We're trying to watch the movie.

I'm Lovin' It

그거 좋아해요

day 15	starting time	y m d :
	finishing time	y m d :
	Total	min.

day 16	starting time	y m d :
	finishing time	y m d :
	Total	min.

15 day I'm Lovin' It

MP3 008

Step 1 Listen

오디오를 들으면서 끊어 읽어야 하는 부분에 슬래시(/) 표시를 하며 내용 이해하기

Yummy! Who likes fast food? Are you hungry?

What is your favorite McDonald's meal?

❶I like their Big Macs and milk shakes.

What are these people eating today?

You can see a Big Mac, McNuggets, two cokes, two bags of French fries, and a corn cup.
Did we miss anything? Yes, you can also see ketchup and curry sauce.
❷Do you prefer using the Drive-Thru, or would you rather sit inside the restaurant?
People around the world recognize McDonald's golden letter "M".
❸The first McDonald's restaurant was opened by two brothers in 1940, in California, USA.
Do you think that the McDonald brothers thought their food would become so popular? Wow!

Voca Check

yummy 냠냠, 맛있는 | coke 콜라 *cf.* Seven-Up 사이다(= Sprite) | French fries 감자 튀김 | miss 빼먹다, 빠뜨리다 | curry 카레 | would rather+동사 ~하고 싶어 하다(= would like+to부정사) | recognize 알아보다 | wow 와, 야아

낭독 코치의 족집게 조언

1 I like their Big Macs and milk shakes.

발음 이 문장에서는 milk의 발음에 주목하세요. 우리는 아무 생각 없이 그냥 [밀크]라고 발음하는데, 이렇게 발음하면 의외로 잘 알아듣지 못하는 원어민이 꽤 많아요. 원어민들의 발음을 잘 들어보면 [밀크]가 아니라 [미-얼크]처럼 발음한다는 것을 알 수 있죠. [크] 발음을 아주 약하게 해요. 이렇듯 milk를 [밀크]가 아니라 [미-얼크]로 발음하는 이유는 l이 단어의 마지막 자음(k) 바로 앞에 오게 되면 l 발음이 들릴 듯 말듯 매우 약화되기 때문이에요.

2 Do you prefer using the Drive-Thru, or would you rather sit inside the restaurant?

발음 p 발음과 f 발음을 잘 구분하지 못하는 것은 한국인들의 고질병 중의 하나예요. 특히 prefer처럼 한 단어에 p와 f가 모두 있을 경우에는 버벅거리기 딱 좋아요. p와 f 발음을 따로 구분해 연습하는 파닉스식 훈련 보다는 p와 f 발음이 들어간 단어들을 가지고 자연스럽게 발음 연습을 하는 것이 효과적이에요.

3 The first McDonald's restaurant / was opened by two brothers / in 1940, / in California, USA.

끊어 읽기 의미 덩어리로 문장을 적절히 끊어 읽으면 효과적으로 의미가 전달돼요. 이 문장의 경우, 주어(The first McDonald's restaurant)와 동사부(was opened by two brothers), 그리고 시간(in 1940)과 장소(in California, USA)를 뜻하는 의미 덩어리들 사이에서 각각 짧게 끊어 읽도록 하세요.

Step 2 ***Listen & Repeat***
스크립트 보고, 오디오 들으며 큰 소리로 따라 말하기 (5회)

1 ☑ 2 ☐ 3 ☐ 4 ☐ 5 ☐

Step 3 ***Shadowspeak***
스크립트 없이, 오디오만 들으며 큰 소리로 따라 말하기 (7회)

1 ☑ 2 ☐ 3 ☐ 4 ☐ 5 ☐ 6 ☐ 7 ☐

Read Aloud
스크립트만 보고, 오디오 없이 큰 소리로 따라 말하기 (7회)

1☑ 2☐ 3☐ 4☐ 5☐ 6☐ 7☐

필요하면 오디오를 듣고, 정확한 발음을 확인한 후, 따라 말하기 연습을 하세요.

/ 끊어 읽기 ↗↘ 억양 **볼드** 강세를 두어 읽는 부분 ‿ 연음

Yummy! **Who likes fast food**?↘ Are you **hungry**?↗

What is / your **favorite McDonald's meal**?↗

I **like** their **Big Macs** / and **milk shakes**.

What are / **these people eating today**?↗

You can **see** a **Big Mac**, / **McNuggets**, / **two cokes**, / **two bags** of **French fries**, / and a **corn cup**.

Did we **miss anything**?↗ **Yes**, / you can also **see ketchup** / and **curry sauce**.

Do you **prefer** / **using** the **Drive-Thru**,↗ or would you rather **sit inside** the **restaurant**?↘

People around the **world** / **recognize McDonald's golden letter** / "**M**".

The **first McDonald's restaurant** / was **opened** by **two brothers** / in **1940**, / in **California, USA**.

Do you think / that the **McDonald brothers** / **thought** their **food** / would become **so popular**?↗ **Wow**!

__________! Who likes fast food? Are you hungry?

What is your __________?

I like their __________ and milk shakes.

What are these people __________?

You can see a Big Mac, McNuggets, two cokes, __________

__________, and a corn cup.

Did we __________? Yes, you can also see

ketchup and curry sauce.

Do you prefer __________, or would you rather sit

inside the restaurant?

People around the world __________ “M”.

The first McDonald’s restaurant was __________

in 1940, in California, USA.

__________ that the McDonald brothers

thought their food would become so popular? Wow!

Airplane Food

기내 음식

day 17	starting time	y m d :
	finishing time	y m d :
	Total	min.

day 18	starting time	y m d :
	finishing time	y m d :
	Total	min.

Airplane Food

MP3 **009**

Step 1

Listen

오디오를 들으면서 끊어 읽어야 하는 부분에 슬래시(/) 표시를 하며 내용 이해하기

This is an interesting photograph. [1]Where do you think this is? Take a guess.

That's right, we're on an airplane. I think we are on a 747 jumbo jet.

Look closely, can you find the number 747?

Great job, you found it! ❷It's on the cover of the magazine in the seat ahead.

Some plane rides are very long.

You will get hungry. It's time to eat.

Wow, look at all the food we get to eat today.

I see some chicken and rice. Oh, there is some seafood and salad, too.

Look, we have apple juice to drink.

What's for dessert? Hmm, it seems some kind of pudding or yogurt.

Did I miss anything? ❸It is amazing how the airplane food is packed into small containers.

I wonder if everyone gets the same meal. Let's eat.

Voca Check

take a guess 짐작하다, 알아맞히다 | seafood 해산물 | dessert[dizə́:rt] 후식 *cf.* desert[dézərt] 사막 | pack 싸다, 포장하다 | container 용기 | meal 식사

낭독 코치의 족집게 조언

1 Where do you think↘ this is↗?

억양 이 문장은 Where is this?가 do you think와 결합해서 이루어진 의문문이에요. 그럼 이때 억양 처리를 어떻게 해주면 될까요? 이때는 think에서 억양을 조금 내렸다가 문장 맨 끝의 is에서 다시 억양을 올리는 식으로 발음하세요. 그러면 Where is this?와 do you think를 결합한 의도를 억양을 통해 잘 살릴 수 있죠.

2 It's on the cover of the magazine / in the seat ahead.

끊어 읽기 적절한 끊어 읽기는 유창한 영어 읽기에 필수에요. 이 문장에서도 magazine의 위치를 나타내는 전치사구인 in the seat ahead 앞에서 짧게 끊어 읽어주면 훨씬 내용을 효과적으로 전달할 수 있죠.

3 It is amazing how the airplane food is packed into small containers.

리듬 영어 문장이 리드미컬하게 들리는 이유는 강하게 말할 때 강하게, 또 약하게 말할 때 약하게 말하는 강약 조절이 잘 이루어지기 때문이에요. 이때 강하게 말하는 단어들은 주로 문장 속에서 주어, 목적어, 보어 등의 역할을 하는 명사, 동사, 형용사들이죠. 이 문장에서도 It, amazing, airplane food, packed, small containers 등을 강하게 발음하고, 나머지 단어들을 약하게 발음해보세요. 그러면 자연스럽게 리듬감이 생겨난답니다.

Step 2 **Listen & Repeat**
스크립트 보고, 오디오 들으며 큰 소리로 따라 말하기 (5회)
1☑ 2☐ 3☐ 4☐ 5☐

Step 3 **Shadowspeak**
스크립트 없이, 오디오만 들으며 큰 소리로 따라 말하기 (7회)
1☑ 2☐ 3☐ 4☐ 5☐ 6☐ 7☐

Read Aloud

스크립트만 보고, 오디오 없이 큰 소리로 따라 말하기 (7회)

필요하면 오디오를 듣고, 정확한 발음을 확인한 후, 따라 말하기 연습을 하세요.

/ 끊어 읽기 ↗↘ 억양 **볼드** 강세를 두어 읽는 부분 ‿ 연음

This is an **interesting photograph**.

Where do you **think** / **this** is? **Take** a **guess**.

That's **right**, / we're **on** an **airplane**.

I **think** / we are on a **747 jumbo jet**.

Look closely, / can you **find** the **number 747**?

Great job, / you **found** it! **It's** on the **cover** of the **magazine** / in the **seat ahead**.

Some plane rides are **very long**.

You will get **hungry**. It's **time** to **eat**.

Wow, / **look** at all the **food** / we get to **eat today**.

I **see** some **chicken** and **rice**.

Oh, / there is some **seafood** / and **salad, too**.

Look, / we have **apple juice** to **drink**.

What's for **dessert**?

Hmm, / it **seems** / some **kind** of **pudding** or **yogurt**.

Did I **miss anything**? **It** is **amazing** / how the **airplane food** is **packed** into **small containers**.

I **wonder** if / **everyone gets** the **same meal**. **Let's eat**.

Wrap-Up. Speak

반복해서 따라 읽은 내용을 기억하여 말하기

This is an interesting photograph.

Where do you think this is? ____________________.

That's right, we're on an airplane.

I think we are ____________________.

____________________, can you find the number 747?

Great job, you found it! It's on the cover of the magazine in ____________________.

____________________ are very long.

You will ____________. It's time to eat.

Wow, look at all the food ____________________ today.

I see some chicken and rice.

Oh, there is ____________________ too.

Look, we have apple juice ____________.

What's for dessert? Hmm, it seems ____________________ pudding or yogurt.

Did I miss anything? It is amazing how the airplane food is ____________________.

____________________ everyone gets the same meal.

Let's eat.

Off to School

학교 가기

day 19	starting time	y m d :
	finishing time	y m d :
	Total	min.

day 20	starting time	y m d :
	finishing time	y m d :
	Total	min.

Off to School

MP3 010

Listen
오디오를 들으면서 끊어 읽어야 하는 부분에 슬래시(/) 표시를 하며 내용 이해하기

Good morning! It's time for school. Grab your school bag and hurry up.

❶The school bus is coming to pick us up.

Do you see it? What color is it? Yes, it's yellow.

Do you know why school buses are yellow?

Yellow gets your attention faster than any other color.

❷People notice yellow objects first. That's why they are yellow.

Wow, there are lots of seats on our bus.

The kids are excited for school. Sometimes we sing on the bus.

What do you like to do on a school bus? Oh, look at the red stop sign on the bus.

It is telling other cars to stop for the kids to get on the bus.

❸Our bus driver is very friendly. He picks us up at the same time every day.

He drops us off, too. Let's get on the bus!

Voca Check

grab 움켜잡다, 챙기다 | pick up (차에) 태우다 *cf.* drop off (차에서) 내려주다 | notice 알아채다, 주목하다 | object 물건, 물체 | get on the bus 버스를 타다 *cf.* get off ~에서 내리다

낭독 코치의 족집게 조언

1 The school bus is coming to pick us up.

연음 이 문장을 얼마나 유창하게 읽는지를 보려면 끝부분의 pick us up을 자연스럽게 이어서 발음하는지를 보면 돼요. pick us up을 읽을 때 단어 하나하나를 따로 [픽 어스 업]처럼 발음하면 유창한 영어와는 거리가 멀어요. 이때는 각 단어의 끝과 첫 음절을 부드럽게 이어서 마치 한 단어처럼 [피커-섭]으로 발음하세요.

2 People notice yellow objects first.

발음 단어에서 t가 강세가 있는 음절 바로 다음에 왔을 경우는 t를 약하게 발음하여 [t]가 아니라 [d]에 가깝게 발음해요. 예컨대, total의 경우 두 번째 t가 강세가 있는 o 바로 다음에 위치하였으므로 [토틀]이 아니라 [토들]처럼 발음한답니다. 마찬가지로 이 문장의 notice의 경우도, t가 강세가 있는 o 다음에 왔으므로 [노티스]가 아니라 [노디스]처럼 발음하죠.

3 Our bus driver is very friendly.

발음 영어 단어에서는 자음이 세 개가 겹쳐 있으면 보통 가운데 자음을 발음하지 않아요. 이것을 전문 용어로는 '음절 탈락'(Elision)이라고 하죠. 예컨대 '연기하다'라는 뜻의 postpone의 경우, 중간에 세 개의 자음 stp가 쓰였는데, 이때 가운데 자음인 t를 발음하지 않아요. 그러니까 [포스트폰]이 아니라 [포스폰]처럼 발음해요. 마찬가지로 이 문장의 friendly 역시 [프렌들리]라고 말하면 유창한 발음이 아니에요. 이때는 friendly에서 연속적으로 쓰인 세 개의 자음 ndl에서 가운데 자음 d를 마치 없는 것처럼 [프렌리]라고 발음하세요.

Step 2 ***Listen & Repeat***
스크립트 보고, 오디오 들으며 큰 소리로 따라 말하기 (5회)

1 ☑ 2 ☐ 3 ☐ 4 ☐ 5 ☐

Step 3 ***Shadowspeak***
스크립트 없이, 오디오만 들으며 큰 소리로 따라 말하기 (7회)

1 ☑ 2 ☐ 3 ☐ 4 ☐ 5 ☐ 6 ☐ 7 ☐

Read Aloud
스크립트만 보고, 오디오 없이 큰 소리로 따라 말하기 (7회)

1 ☑ 2 ☐ 3 ☐ 4 ☐ 5 ☐ 6 ☐ 7 ☐

필요하면 오디오를 듣고, 정확한 발음을 확인한 후, 따라 말하기 연습을 하세요.

/ 끊어 읽기 ↗↘ 억양 **볼드** 강세를 두어 읽는 부분 ‿ 연음

Good morning! It's **time** for **school**.

Grab your **school bag** / and **hurry** up.

The **school bus** is **coming** / to **pick** us **up**.

Do you **see** it?↗ **What color** is it?↘ **Yes**, / it's **yellow**.

Do you **know** / **why school buses** are **yellow**?↗

Yellow gets your **attention** / **faster** than **any** other **color**.

People **notice yellow objects** / **first**.↗

That's **why**↘ they are **yellow**.

Wow, / **there** are **lots of seats** / on our **bus**.

The **kids** are **excited** for **school**.

Sometimes / we **sing** on the **bus**.

What do you **like** to **do** / on a **school bus**?↘

Oh, / **look** at the **red stop sign** / on the **bus**. It is **telling other cars** / to **stop** for the **kids** / to **get on** the **bus**.

Our **bus driver** is **very friendly**.

He **picks** us **up** / at the **same time** / **every day**.

He **drops** us **off**, / **too**.↗ **Let's get on** the **bus**!↗

Wrap-Up. Speak

반복해서 따라 읽은 내용을 기억하여 말하기

Good morning! It's time for school.

__________ and hurry up.

The school bus is coming to __________.

Do you see it? __________? Yes, it's yellow.

__________ why school buses are yellow?

Yellow __________ faster than any other color.

People __________ first.

That's why they are yellow.

Wow, there are __________ on our bus.

The kids are __________.

Sometimes we sing on the bus.

What do you like to do on a school bus?

Oh, look at __________ on the bus.

It is telling other cars to stop for the kids __________.

Our bus driver is very friendly.

He picks us up __________ every day.

He __________, too. Let's get on the bus!

Everybody Loves Taekwondo

모두 태권도를 좋아하죠

day 21	starting time	y m d :
	finishing time	y m d :
	Total	min.

day 22	starting time	y m d :
	finishing time	y m d :
	Total	min.

MP3 011

Listen

오디오를 들으면서 끊어 읽어야 하는 부분에 슬래시(/) 표시를 하며 내용 이해하기

Watch out everyone! Don't get too close to these people.

What are they doing? Are they fighting?

Why are they wearing the same clothes? Yes, they are practicing Taekwondo together.

❶Is everyone the same age? ❷I see belts that are red, green, orange, yellow and white.
Wow, what do those special colors mean?
Each color represents the different skill level achieved by that pcrson.
❸Taekwondo is a martial art sport invented by Koreans. It is the most popular martial art in the world.
More people do Taekwondo than other martial arts, like Karate and Judo.
The word, Taekwondo, means "the way of the foot and fist" or "the way of kicking and punching." It really looks like fun.

Voca Check

watch out 조심하다, 경계하다 | represent 나타내다 | martial art 무술, 격투기 | fist 주먹 | punch 주먹으로 치다

낭독 코치의 족집게 조언

1 Is everyone the same age?

강세 문장에서 특별히 강조하고 싶은 단어가 있으면 언제라도 강하게 발음해줄 수 있어요. 이 문장에서 강조해 말하고 싶은 것은 모든 사람들의 '나이가 같은가' 즉, same age라는 단어예요. 따라서 same age를 상대적으로 힘주어 강하게 발음하세요.

2 I see belts / that are red, / green, / orange, / yellow and white.

끊어 읽기 이 문장은 콤마(,)로 색깔을 나타내는 형용사들이 쭉 나열되어 있어요. 이때 콤마 다음에서 짧게 끊어 읽으면 되는데, 맨 앞의 red의 경우는 that are red를 한 덩어리로 발음하세요. 그리고 맨 끝의 yellow and white도 한 덩어리처럼 발음하세요.

3 Taekwondo is a martial art sport / invented by Koreans.

끊어 읽기 이 문장의 구조를 보면 invented by Koreans라는 의미 덩어리가 뒤에서 a martial art sport를 꾸며주고 있어요. 이때 이 문장을 쉬지 않고 단숨에 읽어버리면 듣는 사람의 입장에서는 자칫 이해하기 힘들 수 있죠. 이때 invented 앞에서 잠시 끊어 읽으면 도움이 된답니다.

Step 2 ***Listen & Repeat***
스크립트 보고, 오디오 들으며 큰 소리로 따라 말하기 (5회)

1 ☑ 2 ☐ 3 ☐ 4 ☐ 5 ☐

Step 3 ***Shadowspeak***
스크립트 없이, 오디오만 들으며 큰 소리로 따라 말하기 (7회)

1 ☑ 2 ☐ 3 ☐ 4 ☐ 5 ☐ 6 ☐ 7 ☐

Read Aloud

스크립트만 보고, 오디오 없이 큰 소리로 따라 말하기 (7회)

필요하면 오디오를 듣고, 정확한 발음을 확인한 후, 따라 말하기 연습을 하세요.

/ 끊어 읽기 ↗↘ 억양 **볼드** 강세를 두어 읽는 부분 ‿ 연음

Watch out everyone!

Don't get too close to these **people**.

What are they **doing**?↘ Are they **fighting**?↗

Why are they **wearing** the **same clothes**?↘

Yes, / they are **practicing Taekwondo together**.

Is everyone the **same age**?↗ I see **belts** / that are **red**, / **green**, / **orange**, / **yellow** and **white**.

Wow, / **what** do those **special colors mean**?↘

Each color represents the **different skill level** / **achieved** by that **person**.

Taekwondo is a **martial art sport** / **invented** by **Koreans**.

It is the **most popular martial art** / in the world.

More people do **Taekwondo** / than **other martial arts**, / like **Karate** / and **Judo**.

The **word**, **Taekwondo**, / **means** / "the **way** of the **foot** and **fist**" / or "the **way** of **kicking** and **punching**."

It **really looks** like **fun**.

Wrap-Up. Speak

반복해서 따라 읽은 내용을 기억하여 말하기

Watch out everyone!

Don't ______________ to these people.

What are they doing? ______________?

Why are they wearing the same clothes?

Yes, they are ______________ together.

Is everyone ______________? I see belts that are red, green, orange, yellow and white.

Wow, what do those ______________ mean?

Each color ______________ achieved by that person.

Taekwondo is ______________ invented by Koreans.

It is the most popular martial art in the world.

More people do Taekwondo ______________, like Karate and Judo.

The word, Taekwondo, means "the way of the foot and fist" or "the way of kicking and punching."

It really ______________.

Rainbow

무지개

day 23	starting time	y m d :
	finishing time	y m d :
	Total	min.

day 24	starting time	y m d :
	finishing time	y m d :
	Total	min.

MP3 012

Listen
오디오를 들으면서 끊어 읽어야 하는 부분에 슬래시(/) 표시를 하며 내용 이해하기

❶There is something amazing in the sky today.
Do you see it? It's a rainbow.
❷When the Sun is shining and there is rain as well, you may see a rainbow in the sky!

Wow, there are two rainbows. Can you count all the colors of the rainbow?

Go ahead and try it. Rainbows have seven colors.

They are Red, Orange, Yellow, Green, Blue, Indigo, and Violet.

Which color is your favorite? I really like the green in this rainbow.

What makes a rainbow? Sunlight and water make rainbows.

❸Black is an absence of light, so it is not in the rainbow.

Have you ever tried to find the end of a rainbow?

I have tried, but I couldn't find it. It is a beautiful mystery.

Voca Check

count 세다 | Go ahead. 해라; 자, 어서 | indigo 남색 | violet 보라색 | absence 부재, 없음
cf. presence 있음

낭독 코치의 족집게 조언

1 There is something amazing in the sky today.

강세 만약 어느 단어에서 강세가 두 번째 음절에 놓여 있다면 자연히 첫 음절은 아주 약하게 발음하죠. 예컨대 sky의 경우는 두 번째 음절인 ky[kaɪ]에 강세가 있으므로 첫 음절인 s[s]는 약하게 발음해요. 그리고 강세가 있는 ky[kaɪ] 발음은 더욱 힘을 주어 [카이]가 아니라 마치 [까이]라고 발음하는 기분으로 하는 거죠.

2 When the Sun is shining / and there is rain as well, / you may see a rainbow in the sky!

끊어 읽기 이 문장에서 큰 의미 덩어리인 When the Sun is shining and there is rain as well을 끊어 읽을 때에는 다시 작은 의미 단위로 나누어 and 앞에서 잠시 끊어 읽도록 하세요.

3 Black is an absence of light, so it is not in the rainbow.

리듬 이 문장에서 Black과 is, 그리고 an과 absence를 모두 똑같이 힘을 주어 읽는 것은 영어의 리듬감을 죽이는 것이에요. 이때 리드미컬하게 읽으려면 상대적으로 중요한 단어들인 Black과 absence, 그리고 기능적인 단어들인 is와 an을 강약의 차이를 두고 발음해야 해요. 그럼 강약 조절에 초점을 맞추어 이 문장을 반복해서 읽어보세요.

Listen & Repeat
스크립트 보고, 오디오 들으며 큰 소리로 따라 말하기 (5회)

1 ☑ 2 ☐ 3 ☐ 4 ☐ 5 ☐

Shadowspeak
스크립트 없이, 오디오만 들으며 큰 소리로 따라 말하기 (7회)

1 ☑ 2 ☐ 3 ☐ 4 ☐ 5 ☐ 6 ☐ 7 ☐

Read Aloud
스크립트만 보고, 오디오 없이 큰 소리로 따라 말하기 (7회)

1 2 3 4 5 6 7

필요하면 오디오를 듣고, 정확한 발음을 확인한 후, 따라 말하기 연습을 하세요.

/ 끊어 읽기 ↗↘ 억양 **볼드** 강세를 두어 읽는 부분 ◡ 연음

There is **something amazing** / in the **sky today**.

Do you **see** it?↗ It's a **rainbow**.

When the **Sun** is **shining** / and there is **rain** as **well**, / you may **see** a **rainbow** in the **sky**!↗

Wow, / **there** are **two rainbows**.

Can you **count** / **all** the **colors** of the **rainbow**?↗

Go ahead / and **try** it. **Rainbows** have **seven colors**.

They are **Red**, / **Orange**, / **Yellow**, / **Green**, / **Blue**, / **Indigo**, / and **Violet**.

Which color is your **favorite**?↘

I **really like** the **green** / in this **rainbow**.

What makes a **rainbow**?↘

Sunlight and **water** / **make rainbows**.

Black is an **absence** of **light**, / **so** it is **not** / in the **rainbow**.

Have you ever **tried** / to **find** the **end** of a **rainbow**?↗

I have **tried**, / but I **couldn't find** it.

It is a **beautiful mystery**.

Wrap-Up. Speak
반복해서 따라 읽은 내용을 기억하여 말하기

There is ______________ in the sky today.

Do you see it? It's a rainbow.

When the Sun is shining and ______________, you may see a rainbow in the sky!

Wow, there are two rainbows.

Can you ______________ of the rainbow?

______________ and try it. Rainbows have seven colors.

They are Red, Orange, Yellow, Green, Blue, ______________.

Which color is ______________?

I really like the green in this rainbow.

What makes a rainbow? ______________ make rainbows.

Black is an ______________, so it is not in the rainbow.

______________ to find the end of a rainbow?

I have tried, but I couldn't find it.

It is ______________.

Disneyland

디즈니랜드

day 25	starting time	y m d :
	finishing time	y m d :
	Total	min.

day 26	starting time	y m d :
	finishing time	y m d :
	Total	min.

25 day Disneyland

MP3 **013**

Step 1 Listen

오디오를 들으면서 끊어 읽어야 하는 부분에 슬래시(/) 표시를 하며 내용 이해하기

I'm going to Disneyland. Come and join me there.

Are you ready for some fun?

❶Disneyland is a magical place, full of wonderful characters.

Look, there are some now! Can you name all of the characters in this photograph?

❷Try your best. I see Donald Duck, Mickey Mouse, Miney Mouse, Goofy, Pluto and the Chipmunks.

They are standing outside of Sleeping Beauty's Castle.

Wow, it is a big castle! I want to go on some of the rides and roller coasters.

They are exciting! Don't be scared, come join me.

❸Let's walk around and visit all the sites at Disneyland.

Are you hungry? Me, too. Hurry, let's buy some food and get ready to watch the big parade.

Wave to Mickey Mouse! Hurray!

Voca Check

castle 성, 성곽 | go on rides 놀이기구를 타다 | be scared 무서워하다, 겁먹다 | site 곳, 장소 | wave 손을 흔들다 | hurray 만세(= hurrah) *cf.* Hurray for the Queen! 여왕 만세!

낭독 코치의 족집게 조언

1 Disneyland is a magical place, / full of wonderful characters.

끊어 읽기 이 문장은 두 개의 의미 덩어리로 이루어져 있어요. 이때 두 번째 의미 덩어리인 full of wonderful characters는 a magical place를 뒤에서 꾸며주고 있죠. 따라서 full 앞에서 잠시 끊어 읽게 되면 의미를 보다 명확하게 전달할 수 있죠.

2 Try your best.

발음 Try를 원어민이 어떻게 발음하는지 한번 잘 들어보세요. [트롸이]가 아니라 [츄롸이]에 가깝게 들리죠? t를 꼭 [ㅌ]로 발음해줄 필요는 없어요. 특히 try처럼 t가 r과 함께 나란히 쓰이면 t를 [ㅊ]에 가깝게 발음하죠. 마찬가지로 tree도 [트뤼] 보다는 [츄뤼]라고 하는 게 보다 자연스러운 발음이에요.

3 Let's walk around and visit all the sites at Disneyland.

발음·연음 한국 사람들이 흔히 잘 구분해서 발음하지 못하는 것이 walk와 work예요. 대충 두 단어를 [워크]라고 비슷하게 발음해버리죠. 하지만 원어민들은 walk를 [워크]라고 발음하면 잘 알아듣지 못하는 경우가 많답니다. 원어민들이 발음하는 것을 잘 들어보면 [와크] 또는 거의 [왁]에 가깝게 발음을 하죠. 한번 원어민의 음성을 듣고 walk의 발음을 잘 따라 연습해보세요. 한편, walk가 나란히 쓰인 around와 연음이 되어 [와커-롸운드]처럼 발음되는 것에도 주의하세요.

Step 2 ***Listen & Repeat***
스크립트 보고, 오디오 들으며 큰 소리로 따라 말하기 (5회)

1 ☑ 2 ☐ 3 ☐ 4 ☐ 5 ☐

Step 3 ***Shadowspeak***
스크립트 없이, 오디오만 들으며 큰 소리로 따라 말하기 (7회)

1 ☑ 2 ☐ 3 ☐ 4 ☐ 5 ☐ 6 ☐ 7 ☐

Read Aloud

스크립트만 보고, 오디오 없이 큰 소리로 따라 말하기 (7회)

필요하면 오디오를 듣고, 정확한 발음을 확인한 후, 따라 말하기 연습을 하세요.

/ 끊어 읽기 　 억양 　 **볼드** 강세를 두어 읽는 부분 　 연음

I'm **going** to **Disneyland**. **Come** and / **join** me there.

Are you **ready** for some **fun**?

Disneyland is a **magical place**, / **full** of **wonderful characters**.

Look, / **there** are some **now**!

Can you **name** / all of the **characters** in this **photograph**?

Try your **best**. I see **Donald Duck**, / **Mickey Mouse**, / **Miney Mouse**, / **Goofy**, / **Pluto** / **and** the **Chipmunks**.

They are **standing outside** of **Sleeping Beauty's Castle**.

Wow, / it is a **big castle**!

I **want** to **go on** some of the **rides** / and **roller coasters**.

They are **exciting**! **Don't** be **scared**, **come** / **join** me.

Let's **walk around** / and **visit all** the **sites** / at **Disneyland**.

Are you **hungry**? **Me, too**.

Hurry, / **let's buy** some **food** / and **get ready** to **watch** the **big parade**.

Wave to **Mickey Mouse**! **Hurray**!

Wrap-Up. Speak
반복해서 따라 읽은 내용을 기억하여 말하기

I'm going to Disneyland. Come and ______________ there.

Are you ready ______________________?

Disneyland is a magical place, ______________________.

Look, there are some now! Can you ______________________

______________________ in this photograph?

Try your best. I see Donald Duck, ______________________,

Pluto and the Chipmunks.

They are ______________________ Sleeping Beauty's Castle.

Wow, it is a big castle! I want to ______________________

and roller coasters.

They are exciting! Don't ______________, come join me.

Let's walk around and ______________________ at Disneyland.

Are you hungry? Me, too. Hurry, let's buy some food and

get ready ______________________.

______________ Mickey Mouse! Hurray!

Happy Birthday to You

생일 축하합니다

day 27	starting time	y m d	:
	finishing time	y m d	:
	Total		min.

day 28	starting time	y m d	:
	finishing time	y m d	:
	Total		min.

MP3 014

Listen

오디오를 들으면서 끊어 읽어야 하는 부분에 슬래시(/) 표시를 하며 내용 이해하기

Who wants cake? I do, I do! I hope there is ice-cream, don't you?

❶Birthday parties are really fun. There are balloons and colorful party hats.

These girls even have tiny umbrellas on their drinks.

Can you hear them singing the Happy Birthday song?

How many balloons can you count? I count nine balloons.

How do the balloons float like that? If you guessed helium, you're right!

❷Helium is lighter than air, so it makes the balloons float when it's inside them.

Can you guess how old this birthday girl is today?

❸I'll give you a little hint. Count the number of candles on the cake.

Did you count six? Great job!

Do you think that she'll blow all of them out with one try?

I do.

I hope that your next birthday party is fun, too.

Voca Check

balloon 풍선 | float (공중에) 뜨다 | give~a hint ~에게 힌트를 주다 | blow out (입으로) 불어 끄다 | with one try 한 번의 시도로

낭독 코치의 족집게 조언

1 Birthday parties are really fun.

발음 평소 한국 사람들이 영어로 말할 때 가장 빈번하게 사용하는 단어 중 하나가 really예요. 그런데 대부분의 사람들이 발음하는 것을 들어보면 그냥 [리얼리]라고 발음해요. 하지만 원어민들이 발음하는 것을 잘 들어보면 [뤌-리]에 가까워요. 얼핏 그게 그건 것 같지만 사실 원어민들은 [리얼리]라고 발음하면 의외로 못 알아듣는 경우도 적지 않아요. 그럼 오디오를 반복해 들으면서 [뤌-리]에 가까운 발음이 될 때까지 연습해보세요.

2 Helium is lighter than air, / so it makes the balloons float / when it's inside them.

끊어 읽기 콤마(,)는 문장 속에서 의미를 분명하게 해주기 위한 도구로, 짧은 멈춤으로 끊어 읽어야 해요. 또 이 문장 후반부의 when 절은 또 하나의 의미 덩어리이므로 when 앞에서 짧게 끊어 읽기를 해주면 의미가 명확하게 전달되죠.

3 I'll give you a little hint.

발음 I'll을 읽을 때 will의 줄임 표현인 'll을 굳이 의식적으로 발음하여 [아이-일]이라고 하게 되면 다소 딱딱하게 들려요. 그리고 발음을 하는 사람도 힘이 들지요. 이때 'll은 발음을 하지 않는 것은 아니지만 마치 생략하듯 가볍게 하고 넘어간다는 기분으로 발음하는 게 좋아요. 이런 것을 말로 설명하는 것은 자전거를 처음 배울 때 페달 밟는 법을 말로 설명하는 것과 같아요. 결국 자기가 페달을 밟아보고, 넘어져가면서 몸으로 배워야 하는 거잖아요? 마찬가지로 'll 발음도 원어민의 음성을 들으면서 부단히 연습하여 발음 감각을 터득하는 수 밖에 달리 방법이 없어요. 바로 이런 사소한 발음을 자연스럽게 할 수 있어야 유창한 낭독자가 될 수 있답니다.

Step 2 **Listen & Repeat**
스크립트 보고, 오디오 들으며 큰 소리로 따라 말하기 (5회)

1 ☑ 2 ☐ 3 ☐ 4 ☐ 5 ☐

Step 3 **Shadowspeak**
스크립트 없이, 오디오만 들으며 큰 소리로 따라 말하기 (7회)

1 ☑ 2 ☐ 3 ☐ 4 ☐ 5 ☐ 6 ☐ 7 ☐

Read Aloud
스크립트만 보고, 오디오 없이 큰 소리로 따라 말하기 (7회)

1 2 3 4 5 6 7

필요하면 오디오를 듣고, 정확한 발음을 확인한 후, 따라 말하기 연습을 하세요.

/ 끊어 읽기 ↗↘ 억양 **볼드** 강세를 두어 읽는 부분 ◡ 연음

Who wants cake?↗ **I do**, / **I do**!

I hope there is **ice-cream**, / **don't** you?↘

Birthday parties are **really fun**.

There are **balloons** / and **colorful** party **hats**.

These girls even have **tiny umbrellas** / on their **drinks**.

Can you **hear** them **singing** / the **Happy Birthday song**?↗

How many balloons / can you **count**?↗

I count **nine balloons**.

How do the **balloons** / **float** like **that**?↘

If you **guessed helium**, / you're **right**!

Helium is **lighter** than **air**, / so it **makes** the **balloons float** / when it's **inside** them.

Can you **guess** / **how old** this **birthday girl** is today?↗

I'll **give** you a **little hint**.

Count the **number** of **candles** / on the **cake**.

Did you **count six**?↗ **Great job**!

Do you **think** that / she'll **blow all** of them **out** / with **one try**?↗ **I do.**

I **hope** that / your **next birthday party** / is **fun**, / **too**.

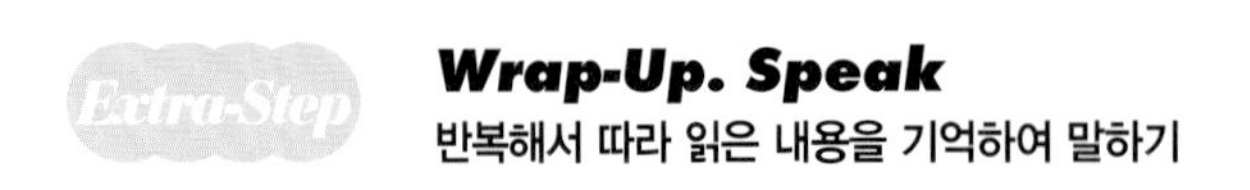

Wrap-Up. Speak
반복해서 따라 읽은 내용을 기억하여 말하기

Who wants cake? I do, I do!

I hope there is ice-cream, ______________?

Birthday parties are really fun.

There are balloons and ______________.

These girls even have ______________ on their drinks.

Can you ______________ the Happy Birthday song?

______________ can you count? I count nine balloons.

How do the balloons ______________?

If you guessed helium, you're right!

Helium is ______________, so it makes the balloons float when it's inside them.

______________ how old this birthday girl is today?

I'll give you ______________.

Count the number of candles on the cake.

Did you count six? ______________!

Do you think that she'll blow all of them out ______________? I do.

______________ that your next birthday party is fun, too.

Harry Potter

해리 포터

day 29	starting time	y m d	:
	finishing time	y m d	:
	Total		min.

day 30	starting time	y m d	:
	finishing time	y m d	:
	Total		min.

Step 1 **Listen**
오디오를 들으면서 끊어 읽어야 하는 부분에 슬래시(/) 표시를 하며 내용 이해하기

Have you heard about *Harry Potter*? Yes, of course you have.
Harry is the famous young wizard from the series of fantasy novels, written by J.K. Rowling.

❶The books are so famous, that they were turned into movies.
Look at this *Harry Potter* movie poster. It sure looks exciting.
Harry and his friends, Weasley and Hermione, are students at Hogwarts School of Witchcraft and Wizardry.
❷Imagine going to that kind of school. Wow!
Harry and his friends have many different adventures together.
Harry also fights against the evil wizard Lord Voldemort.
Harry Potter can be read in sixty-seven languages. Have you read it in your language?
❸The *Harry Potter* business is worth over 30 billion dollars. That is one rich wizard.

Voca Check
wizard 마법사 | witchcraft 마법, 주술 *cf.* witch 마녀 | wizardry 마법, 요술 | turn~into movies ~을 영화로 만들다 | be worth ~의 가치가 있다 | billion 10억

낭독 코치의 족집게 조언

1 The books are so famous, that they were turned into movies.

리듬 이 문장을 리드미컬하게 읽으려면 내용어들, 즉, books, famous, turned, movies 등은 강하게 발음하고, 나머지 전치사, 관사, be 동사와 같은 단순 기능어들은 상대적으로 약하게 발음해주어야 해요. 그러면 자연스럽게 강음과 약음이 교차되면서 리듬감이 생기게 되죠. 그리고 이 문장에서는 so도 강하게 발음해주는 게 좋아요. 그렇게 함으로써 그 다음에 'so ~ that절'(너무 ~해서 …하다)에서의 that절이 온다는 예상을 자연스럽게 하게 되는 거죠.

2 Imagine going to that kind of school.

강세 imagine이란 단어의 강세는 두 번째 음절 즉 a에 있지요. 이 말은 상대적으로 맨 앞의 모음인 i의 발음을 약하게 해야 한다는 말이에요. 그러니 imagine을 발음할 때 [이]와 [매]를 똑같은 강도로 발음하지 말고 강약 조절을 의식하면서 발음해보세요. 실제로 원어민들이 일상생활에서 빨리 말할 때 발음하는 것을 들어보면 마치 i가 없는 것처럼 [매진]처럼 말해요. 따라서 이런 발음에 평소 익숙하지 않으면 리스닝을 할 때도 제대로 알아 듣지 못한답니다.

3 The Harry Potter business is worth over 30 billion dollars.

발음 worth에서 th[θ] 발음은 [스]에 가깝게 해줘요. 그러니까 혀를 윗니와 아랫니 사이로 살짝 내밀어 가볍게 물고 바람 소리를 내는 거예요. 이것 역시 이 단어 하나만을 가지고 연습할 때는 그런대로 되는 듯하지만, 막상 문장 속에서 발음하려고 하면 제대로 되지 않는 경우가 많으니까 원어민의 음성을 들으며 문장 속에서 worth를 자연스럽게 발음할 때까지 반복해서 연습하세요.

Step 2 ***Listen & Repeat***

스크립트 보고, 오디오 들으며 큰 소리로 따라 말하기 (5회)

1 ☑ 2 ☐ 3 ☐ 4 ☐ 5 ☐

Step 3 ***Shadowspeak***

스크립트 없이, 오디오만 들으며 큰 소리로 따라 말하기 (7회)

1 ☑ 2 ☐ 3 ☐ 4 ☐ 5 ☐ 6 ☐ 7 ☐

Read Aloud

스크립트만 보고, 오디오 없이 큰 소리로 따라 말하기 (7회)

1 ☑ 2 ☐ 3 ☐ 4 ☐ 5 ☐ 6 ☐ 7 ☐

필요하면 오디오를 듣고, 정확한 발음을 확인한 후, 따라 말하기 연습을 하세요.

/ 끊어 읽기　↗↘ 억양　**볼드** 강세를 두어 읽는 부분　‿ 연음

Have you **heard** about ***Harry Potter***?↗
Yes, / of **course** you have.
Harry is the **famous young wizard** / from the **series** of **fantasy novels**, / **written** by **J.K. Rowling**.
The **books** are **so famous**, / that they were **turned** / into **movies**.
Look at this ***Harry Potter*** **movie poster.**
It sure / **looks exciting**.
Harry and his **friends**, / **Weasley** / and **Hermione**, / are **students** at **Hogwarts School** of **Witchcraft** / and **Wizardry**.
Imagine / **going** to **that kind** of **school**. **Wow**!
Harry and his **friends** / have many **different adventures together**.
Harry also **fights** against the **evil wizard** / **Lord Voldemort**.
Harry Potter can be **read** / in **sixty-seven languages**. Have you **read** it / in your **language**?↗
The ***Harry Potter*** **business** / is **worth** over **30 billion dollars**. **That** is **one rich wizard**.

Wrap-Up. Speak
반복해서 따라 읽은 내용을 기억하여 말하기

Have you heard about *Harry Potter*?

Yes, of course ______.

Harry is ______ from the series of fantasy novels, written by J.K. Rowling.

The books are so famous, that they were ______.

Look at this Harry Potter movie poster.

It sure ______.

Harry and his friends, Weasley and Hermione, are students at Hogwarts School of ______.

______ going to that kind of school. Wow!

Harry and his friends have ______ together.

Harry also ______ the evil wizard Lord Voldemort.

Harry Potter can ______ in sixty-seven languages.

Have you read it in your language?

The *Harry Potter* business ______ over 30 billion dollars.

That is one rich wizard.

Winter Wonderland

겨울 속 동화나라

day 31	starting time	y m d :
	finishing time	y m d :
	Total	min.

day 32	starting time	y m d :
	finishing time	y m d :
	Total	min.

Winter Wonderland

MP3 016

Listen

오디오를 들으면서 끊어 읽어야 하는 부분에 슬래시(/) 표시를 하며 내용 이해하기

When is the coldest time of year? That's right, it's winter!
❶Can we still go outside to play? No problem, there are many fun things to do outside in winter.
What is your favorite thing to do in the snow?

Skiing? Sledding? Snowball Fights?

[2]Put on your warm clothes and get ready for an adventure.

What does this little girl like to do in the snow? That's right, she made a friendly snowman.

It is hard work to roll up each big ball of snow. How many snowballs did she use?

Can you guess what she used for his arms, nose, eyes and mouth?

I count three big snowballs for his body.

Oh, look! [3]He has sticks for arms, marbles for his eyes and mouth, and a carrot for his nose.

This snowman even has a hat and scarf.

Does this snowman look happy with his new friend?

Maybe his name is Frosty.

Voca Check

sled 썰매를 타다 | snowball fight 눈싸움 | put on one's clothes 옷을 입다 *cf.* take off one's clothes 옷을 벗다 | roll up 굴리다, 굴려서 만들다 | marble 공기 돌 | Frosty 서리, 동장군 (= Jack Frost) *cf.* frosty 서리가 내리는, 몹시 추운

낭독 코치의 족집게 조언

1 Can we still go outside to play?

발음 go를 그냥 [고]라고 읽는 것은 정확한 발음이 아니에요. [고우] 또는 [고어우]처럼 읽는 것이 보다 자연스러운 발음이에요. 왜냐하면 영어에서는 우리말의 [오]와 같은 순수한 홀소리가 없기 때문이에요. 따라서 over나 joke를 발음할 때도 그냥 홀소리로 [오버], [조크]라고 발음하지 말고 [오우버], [죠우크]로 발음해야 해요. 사소해 보이지만 이런 작은 발음들을 갈고 닦음으로써 비로소 유창한 발음에 이르게 되는 거예요.

2 Put on your warm clothes and get ready for an adventure.

연음 유창한 영어 발음의 필수 조건 가운데 하나가 앞 뒤 단어들을 자연스럽게 이어서 읽는 연어(Liaison) 능력이에요. 이 문장에서도 put on과 for an adventure를 각각 하나씩 딱딱하게 발음하지 말고 부드럽게 이어서 발음하세요.

3 He has sticks for arms, / marbles for his eyes and mouth, / and a carrot for his nose.

끊어 읽기 이 문장을 읽을 때 중간에 적절히 끊어 읽기를 해주지 않으면 듣는 사람의 입장에서는 의미가 다소 헷갈릴 수 있어요. 활자로 쓰여 있는 글을 볼 때야 별 문제가 없지만 소리만 듣고 이해해야 할 때는 적절한 끊어 읽기가 정확한 의미 전달에 중요한 역할을 하죠. 특히 문장이 길수록 끊어 읽기의 중요성은 더해요. 이 문장에서도 눈사람의 구성 요소들인 팔, 눈, 입, 그리고 코를 묘사하는 세 의미 덩어리들 사이에서 짧게 끊어 읽기를 해주면 듣는 사람의 입장에서 훨씬 이해하기가 쉽답니다.

Step 2 ***Listen & Repeat***

스크립트 보고, 오디오 들으며 큰 소리로 따라 말하기 (5회)

1 ☑ 2 ☐ 3 ☐ 4 ☐ 5 ☐

Step 3 ***Shadowspeak***

스크립트 없이, 오디오만 들으며 큰 소리로 따라 말하기 (7회)

1 ☑ 2 ☐ 3 ☐ 4 ☐ 5 ☐ 6 ☐ 7 ☐

Read Aloud

스크립트만 보고, 오디오 없이 큰 소리로 따라 말하기 (7회)

1 2 3 4 5 6 7

필요하면 오디오를 듣고, 정확한 발음을 확인한 후, 따라 말하기 연습을 하세요.

/ 끊어 읽기 ↗↘ 억양 **볼드** 강세를 두어 읽는 부분 ◡ 연음

When is the **coldest time** of year?↘

That's **right**, / it's **winter**!

Can we **still go outside** to **play**?↗ **No problem**, / there are **many fun things** to **do** / **outside** in **winter**.

What is your **favorite thing** to **do** / in the **snow**?↗

Skiing?↗ **Sledding**?↗ **Snowball Fights**?↗

Put on your **warm clothes** / and **get ready** / for an **adventure**.

What does this **little girl** / **like** to **do** in the **snow**?↗

That's right, / she **made** a **friendly snowman**.

It is **hard work** / to **roll** up **each big ball** of **snow**.

How many snowballs / did she **use**?↗

Can you **guess what** she **used** / for his **arms**, / **nose**, / **eyes** / and **mouth**?↗

I count **three big snowballs** / for his **body**.

Oh, **look**!↗ He has **sticks** for **arms**, / **marbles** for his **eyes** and **mouth**, / and a **carrot** for his **nose**.

This snowman / **even has** a **hat** / and **scarf**.

Does this **snowman look happy** / with his **new friend**?↗

Maybe / his **name** is **Frosty**.

Wrap-Up. Speak

반복해서 따라 읽은 내용을 기억하여 말하기

When is ____________________? That's right, it's winter!

Can we still go outside to play? No problem, there are

many ____________________ in winter.

What is your favorite thing to do in the snow?

Skiing? Sledding? ____________________?

____________________ and get ready for an adventure.

What does this little girl like ____________________?

That's right, she made a friendly snowman.

It is hard work to ____________________.

How many snowballs did she use?

____________________ what she used for his arms, nose,

eyes and mouth?

I count ____________________ for his body.

Oh, look! He has sticks for arms, ____________________,

and a carrot for his nose.

This snowman even has ____________________.

Does this snowman ____________________ his new friend?

Maybe his name is Frosty.

Hello iPhone

안녕 아이폰

day 33	starting time	y	m	d	:	
	finishing time	y	m	d	:	
	Total					min.

day 34	starting time	y	m	d	:	
	finishing time	y	m	d	:	
	Total					min.

Hello iPhone

MP3 017

Listen
오디오를 들으면서 끊어 읽어야 하는 부분에 슬래시(/) 표시를 하며 내용 이해하기

❶Do you know what this cool thing is? It is very small, but it can do many different things.
It can be many things. It can be a computer, a camera, a phone, a movie player, and a music player.

I wonder what some of those buttons are for. Touch the sunflower button to view photos.

❷Listen to music with the iTunes button, or touch the button with the envelope to check your e-mail.

It is iPhone. It is made by a company called Apple.

iPhones came out in stores in 2007. They are very popular now.

Do you know anyone who has an iPhone? Have you used one before?

Is it difficult? Should I take my iPhone swimming? No way!

iPhones are very fun, but they are not really a toy. They are expensive, so be very careful when you hold it.

You are also small, and you can do many things. ❸You are more amazing than an iPhone, so take good care of yourself.

Voca Check

cool 멋진, 근사한 | view photos 사진들을 보다 | check one's e-mail 이메일을 확인하다 | come out in stores 출시되다 | take care of ~을 돌보다

낭독 코치의 족집게 조언

1 Do you know↘ what this cool thing is?↗

억양 그냥 do나 can과 같은 조동사로 시작하는 의문문의 경우, 문장 맨 끝의 억양만 살짝 올려주면 되요. 반면 what과 같은 의문사로 시작하는 의문문의 경우는 억양을 내려주면서 문장을 끝내죠. 그런데 이 문장의 경우는 방금 설명한 두 가지 의문문이 결합된 형태예요. 이때는 앞부분의 Do you know에서 억양을 살짝 내렸다가, what this cool thing is에서 억양을 다시 올리는 식으로 발음하세요.

2 Listen to music with the iTunes button, / or touch the button with the envelope / to check your e-mail.

끊어 읽기 이 문장에서 or 다음의 두 번째 의미 덩어리를 읽을 때 주의할 점은 the button과 바로 다음의 with the envelope를 끊어서 읽지 말고 붙여서 읽어야 한다는 것이에요. 왜냐하면 두 표현이 합해져 '봉투 그림이 있는 버튼'이라는 하나의 작은 의미 덩어리를 이루기 때문이죠.

3 You are more amazing than an iPhone, so take good care of yourself.

강세 amazing의 강세는 두 번째 음절 a에 있어요. 따라서 상대적으로 맨 앞의 모음인 a의 발음은 약하게 하죠. 따라서 실제 원어민들의 발음을 들어보면 마치 앞의 a가 없는 단어처럼 [메이징]처럼 들려요. 물론 이때 a를 발음하지 않는 것은 아니지만 아주 약하게 발음하다보니 거의 들리지 않을 정도가 된 거죠.

Step 2 ***Listen & Repeat***
스크립트 보고, 오디오 들으며 큰 소리로 따라 말하기 (5회)

1☑ 2☐ 3☐ 4☐ 5☐

Step 3 ***Shadowspeak***
스크립트 없이, 오디오만 들으며 큰 소리로 따라 말하기 (7회)

1☑ 2☐ 3☐ 4☐ 5☐ 6☐ 7☐

Read Aloud
스크립트만 보고, 오디오 없이 큰 소리로 따라 말하기 (7회)

필요하면 오디오를 듣고, 정확한 발음을 확인한 후, 따라 말하기 연습을 하세요.

/ 끊어 읽기 ↗↘ 억양 **볼드** 강세를 두어 읽는 부분 ◡ 연음

Do you **know** ↘/ **what** this **cool thing** is?↗
It is **very small**, / **but** it can do **many different things**.
It can **be many things**. It can be a **computer**, / a **camera**, / a **phone**, / a **movie player**, / **and** a **music player**.
I **wonder** / **what some** of **those buttons** are **for**.
Touch the **sunflower button** / to **view photos**.
Listen to **music** with the **iTunes** button, / or **touch** the **button** with the **envelope** / to **check** your **e-mail**.
It is ***iPhone***. It is made by a **company** / called **Apple**.
iPhones came out in **stores** / in **2007**.
They are **very popular** now.
Do you **know** / **anyone** who has an **iPhone**?↗
Have you **used** one **before**?↗ Is it **difficult**?↗
Should I **take** my **iPhone swimming**?↗ **No way**!
iPhones are **very fun**, / **but** they are **not really** a **toy**.
They are **expensive**, / **so** be **very careful** when you **hold** it.
You are **also small**, / and you can **do many things**.
You are **more amazing** than an **iPhone**, / **so** / **take good care** of **yourself**.

Extra-Step

Wrap-Up. Speak

반복해서 따라 읽은 내용을 기억하여 말하기

Do you know ____________________?

It is very small, but it can do many different things.

It can be many things. It can be a computer, a camera, a phone, ____________, and a music player.

I wonder ____________________.

Touch the sunflower button to view photos.

Listen to music with the iTunes button, or ____________ ____________ to check your e-mail.

It is iPhone. It is made by a company called Apple.

iPhones ____________ in 2007. They are very popular now.

Do you know anyone who has an iPhone?

____________________ before? Is it difficult?

Should I take my iPhone swimming? ____________!

iPhones are very fun, but they are not really a toy.

They are expensive, so be very careful ____________________.

You are also small, and you can do many things.

You are ____________________ an iPhone, so take good care of yourself.

Snack Time

간식 시간

day 35	starting time	y	m	d	:	
	finishing time	y	m	d	:	
	Total					min.

day 36	starting time	y	m	d	:	
	finishing time	y	m	d	:	
	Total					min.

Listen
오디오를 들으면서 끊어 읽어야 하는 부분에 슬래시(/) 표시를 하며 내용 이해하기

What a strange picture! ❶Do you know what these things are?

They are called snack machines, or vending machines.

❷What is your favorite snack when you're hungry?

Well, for about two dollars, you can choose something delicious from these machines.

Put in your money, and then watch your food drop to the bottom.

❸Sometimes people have to shake the machine if their snack gets stuck on the way down.

It's very frustrating to have your snack stuck in the machine when you're hungry.

There are candy, chocolate bars, chips, soda pop and even coffee.

These snacks are not very good for your body, but they sure taste good.

Which snack would you choose? My favorite treats are the chocolate bars.

When you eat too many chocolate bars, you might get into trouble with your dentist.

Voca Check

vending machine 자동 판매기 | delicious 맛있는(= tasty) | get stuck 걸리다, 막히다 | frustrating 실망하게 하는, 좌절감을 일으키는 | soda pop 탄산음료 | treat 특별한 물건, 큰 기쁨 | get into trouble with ~와 문제가 생기다

낭독 코치의 족집게 조언

1 Do you know what these things are?

발음 이 문장은 th의 두 가지 발음 즉, 드[ð]와 스[θ] 발음을 동시에 연습해볼 수 있는 좋은 기회에요. 먼저 these에서 th는 유성음으로 드[ð]에 가깝게 발음해요. 하지만 d와는 발음이 달라요. 드[ð] 발음은 혀끝을 위와 아랫니 사이로 재빠르게 살짝 내밀어야 하고 목젖도 떨려야 해요. 반면, things에서 th 발음은 무성음으로 스[θ]에 가깝죠. 그리고 혀를 윗니와 아랫니 사이에 살짝 내밀어 가볍게 물고 바람 소리를 내는 거예요. 또 스[θ] 발음은 날카로운 [s] 발음과는 달리 부드러운 음이라는 것도 기억해두세요.

2 What is your favorite snack when you're hungry?

리듬 이 문장에서 강하게 읽어주어야 하는 내용어(Content Word)들은 what, favorite snack, hungry예요. 나머지 단어들은 기능어(Function Word)들로서 상대적으로 빠르고 약하게 발음하면 되요. 그럼 이러한 강약 조절을 통해 문장의 리듬감을 한번 느껴보세요.

3 Sometimes / people have to shake the machine / if their snack gets stuck / on the way down.

끊어 읽기 이런 긴 문장을 읽을 때는 먼저 잽싸게 문장을 한번 훑어보고 끊어 읽기를 할 곳을 나름대로 찾아야 해요. 이 문장에서처럼 if와 같은 접속사나 on과 같은 전치사가 보이거나 to 부정사가 보이면 대체로 그 앞에서 끊어 읽기를 해야 되는 경우가 많아요. 이처럼 끊어 읽기를 제대로 하려면 어느 정도 문법 실력이 있어야 해요.

Step 2 ***Listen & Repeat***
스크립트 보고, 오디오 들으며 큰 소리로 따라 말하기 (5회)

1 ☑ 2 ☐ 3 ☐ 4 ☐ 5 ☐

Step 3 ***Shadowspeak***
스크립트 없이, 오디오만 들으며 큰 소리로 따라 말하기 (7회)

1 ☑ 2 ☐ 3 ☐ 4 ☐ 5 ☐ 6 ☐ 7 ☐

Read Aloud
스크립트만 보고, 오디오 없이 큰 소리로 따라 말하기 (7회)

1 ☑ 2 ☐ 3 ☐ 4 ☐ 5 ☐ 6 ☐ 7 ☐

필요하면 오디오를 듣고, 정확한 발음을 확인한 후, 따라 말하기 연습을 하세요.

/ 끊어 읽기 ↗↘ 억양 **볼드** 강세를 두어 읽는 부분 ‿ 연음

What a **strange picture**!↗
Do you know↗ **what** these **things** are?↘
They are **called** / **snack machines**, / or **vending machines**.
What is your **favorite snack** / when you're **hungry**?↘
Well, / for about **two dollars**, / you can **choose something delicious** from these **machines**.
Put in your **money**, / and then **watch** your **food** / **drop** to the **bottom**.
Sometimes / people have to **shake** the **machine** / if their **snack** gets **stuck** / on the **way down**.
It's **very frustrating** / to **have** your **snack** / **stuck** in the **machine** / when you're **hungry**.
There are candy, / **chocolate bars**, / **chips**, / **soda pop** / and **even coffee**.
These **snacks** are **not very good** for your **body**, / **but** they sure **taste good**.
Which snack would you choose?↘
My **favorite treats** are the **chocolate bars**.
When you **eat too many chocolate bars**, / you **might get** into **trouble** / with your **dentist**.

Wrap-Up. Speak
반복해서 따라 읽은 내용을 기억하여 말하기

__________! Do you know what these things are?

They are called snack machines, or __________.

What is __________ when you're hungry?

Well, __________, you can choose something delicious from these machines.

Put in your money, and then __________ to the bottom. Sometimes people have to shake the machine if their snack __________ on the way down.

__________ to have your snack stuck in the machine when you're hungry.

There are candy, chocolate bars, chips, __________ and even coffee. These snacks are not very good for your body, but they sure __________.

Which snack would you choose? __________ are the chocolate bars.

When you eat too many chocolate bars, you might __________ __________ with your dentist.

Story Time

스토리 타임

day 37	starting time	y m d :
	finishing time	y m d :
	Total	min.

day 38	starting time	y m d :
	finishing time	y m d :
	Total	min.

37 day Story Time

MP3 019

Step 1 Listen

오디오를 들으면서 끊어 읽어야 하는 부분에 슬래시(/) 표시를 하며 내용 이해하기

❶Books are wonderful, aren't they? There are so many different kinds of books.

Yes, their stories can take us to different places.

❷Stories can teach us about many things.

This little girl is reading a story with her dad. They are reading in a special room.

Do you know what this room is called? You're right, it's a library.

Libraries are filled with all kinds of wonderful books.

There are books for adults and children.

When you want to borrow a book from the library, make sure that you sign it out first.

Many libraries now use automatic computer check-out to sign out your books.

Oh, make sure that you remember to return your books before the due date, or you might have to pay a fine.

What kind of story is this girl reading? Nice work, it's a *Dora the Explorer* story.

Which kinds of stories do you like to read? I like adventure stories.

③Learning to read is very important, because reading unlocks the wonder inside a book.

Voca Check

take A to B A를 B로 데려가다 | make sure ~을 확실히 하다 | sign out (책의 대출을 위해) 이름을 써서 기록하다 | automatic computer check-out 컴퓨터 자동 대출 (시스템) | due date (대출) 만기일 | pay a fine 벌금을 물다 | unlock the wonder 신비[불가사의]를 풀어놓다

낭독 코치의 족집게 조언

1 Books are wonderful↘, aren't they↗?

억양 이 문장은 부가의문문이에요. 부가 의문문을 읽을 때는 부가의문문 바로 앞에서 억양을 잠깐 내렸다가 문장 끝에서 다시 억양을 올리는 식으로 발음하죠.

2 Stories can teach us about many things.

발음·연음 Stories는 두 번째 음절인 o에 강세가 있으므로 첫 음절인 s는 상대적으로 아주 약하게 발음해요. 또 강세가 있는 o 음절의 발음을 할 때도 힘을 주어 [토]가 아니라 [또]처럼 하죠. 그래서 stories를 제대로 발음하면 마치 [또뤼즈]라고 말하는 기분이 드는 거예요. 또한, 이 문장을 유창하게 읽으려면 teach us about를 자연스럽게 이어서 말하는 연음 발음에도 유의하세요.

3 Learning to read is very important, because reading unlocks the wonder inside a book.

발음 important는 두 번째 음절, 즉, o에 강세가 있으므로, 모음이 포함된 첫 음절 im은 상대적으로 약하게 발음해요. 따라서 원어민들이 빨리 말할 때는 마치 im을 생략한 채 [포튼트]처럼 들려요. 이처럼 어떤 단어가 두 번째 음절에 강세가 있을 때, 첫 번째 음절을 상대적으로 약하게 발음하는 연습을 의식적으로 많이 해둘 필요가 있어요. 그래야 단어를 발음할 때 강약 조절에 대한 감을 키울 수가 있죠. 이 문장에서도 important 뿐 아니라 because, unlock, inside가 모두 두 번째 음절에 강세가 있는 단어들이에요.

Step 2 **Listen & Repeat**
스크립트 보고, 오디오 들으며 큰 소리로 따라 말하기 (5회)

1 ☑ 2 ☐ 3 ☐ 4 ☐ 5 ☐

Step 3 **Shadowspeak**
스크립트 없이, 오디오만 들으며 큰 소리로 따라 말하기 (7회)

1 ☑ 2 ☐ 3 ☐ 4 ☐ 5 ☐ 6 ☐ 7 ☐

Read Aloud

스크립트만 보고, 오디오 없이 큰 소리로 따라 말하기 (7회)

1 2 3 4 5 6 7

필요하면 오디오를 듣고, 정확한 발음을 확인한 후, 따라 말하기 연습을 하세요.

/ 끊어 읽기 　 억양 　 **볼드** 강세를 두어 읽는 부분 　 연음

Books are **wonderful**, / **aren't** they?

There are **so many different kinds** of **books**.

Yes, / their **stories** can **take** us to **different places**.

Stories can **teach us** about / **many things**.

This little **girl** / is **reading** a **story** / with her **dad**.

They are **reading** in a **special room**.

Do you **know** / **what** this **room** is **called**?

You're **right**, / it's a **library**.

Libraries / are **filled** with all **kinds** of **wonderful books**.

There are **books** for **adults** / and **children**.

When you **want** to **borrow** a **book** from the **library**, /

make sure / that you sign it **out** first.

Many libraries now **use automatic computer check-out**

/ to **sign** out your **books**.

Oh, / **make sure** / that **you remember** / to return your

books before the **due date**, / **or** you **might have** to **pay** a

fine.

What kind of **story** / is this **girl reading**?↗

Nice work, / it's a ***Dora the Explorer*** **story**.

Which kinds of stories do you **like** to **read**?↗

I like **adventure stories**.

Learning to **read** is **very important**, / because **reading** / **unlocks** the **wonder inside** a **book**.

Extra-Step

Wrap-Up. Speak

반복해서 Extra-Step 따라 읽은 내용을 기억하여 말하기

Books are wonderful, ______________________?

There are so many different kinds of books.

Yes, their stories can ______________________.

Stories can teach us about many things.

This little girl is ______________________.

They are reading in a special room.

Do you know ______________________?

You're right, it's a library.

Libraries ______________________ all kinds of wonderful books.

There are books for adults and children.

When you want to borrow a book from the library, make sure that ______________________ first.

Many libraries now use ______________________ to sign out your books.

Oh, make sure that you remember to return your books ______________________, or you might have to pay a fine.

What kind of story is this girl reading?

________________, it's a *Dora the Explorer* story.

Which kinds of stories do you like to read?

I like ________________.

Learning to read is very important, because reading

________________ inside a book.

Just Google It

그냥 구글 검색을 해봐

day 39	starting time	y m d :
	finishing time	y m d :
	Total	min.

day 40	starting time	y m d :
	finishing time	y m d :
	Total	min.

39 day Just Google It

MP3 020

Step 1 Listen

오디오를 들으면서 끊어 읽어야 하는 부분에 슬래시(/) 표시를 하며 내용 이해하기

Almost everyone knows about Google. ❶Google is an incredible search tool on the Internet.

Google can help you find almost everything on the Internet. It's like magic.

❷Type any word or sentence into the search box and see what you find.

What do you like to google? ❸I love soccer! Soccer is the most popular sport in the world.

Google can help you find all kinds of information about soccer around the world.

Google can find soccer websites, soccer photos and soccer videos.

Did you know that you can even look down at soccer stadiums with the Google Earth tool?

Wow, Google is pretty amazing. Here are some fun facts about Google:

– Google was invented by two college students in the 1990's.

– Google now has some 20,000 employees.

– Google is worth billions of dollars.

Voca Check

incredible 엄청난, 믿기지 않는(= unbelievable) | search tool 검색 도구 | search box 검색 창 | google 구글 검색을 하다 | soccer stadium 축구 경기장 | pretty 매우, 정말 | employee 고용인, 종업원 *cf.* employer 고용주 | billions of 수십억의 ~ | hundreds of millions of 수억의 ~

낭독 코치의 족집게 조언

1 Google is an incredible search tool on the Internet.

발음 단어에서 t가 강세가 있는 in- 또는 en- 바로 다음에 쓰인 경우, 이때 t의 발음은 아주 약화되어 [d]처럼 발음되거나 아예 사라져버려요. 따라서 Internet을 발음할 때도 [인터넷]이라고 하기보다 t를 [d]처럼 [인더넷]으로 발음하는 경우가 많아요. 그리고 이보다 더 빨리 말을 할 때는 아예 Internet에서 t를 생략한 채 [이너넷]으로 발음하기도 하죠.

2 Type any word or sentence into the search box and see what you find.

발음 write 또는 escape처럼 -te나 -pe로 끝나는 단어들의 경우, -te나 -pe의 발음을 [트]나 [프]와 같이 독립 음절로 발음하지 않고 마치 앞 음절의 받침처럼 해요. 말하자면 [롸이트]나 [이스케이프]라고 하지 않고 [롸잇], [이스케입]처럼 발음하죠. 따라서 이 문장 맨 앞의 type이란 단어도 [타이프]라고 하지 말고 [타입]이라고 간결하게 발음하세요.

3 I love soccer!

강세 비록 세 단어 밖에 안 되는 문장이지만 강세에 주의하세요. 이 문장은 기본적으로 세 단어들을 모두 강하게 발음하는데, 그중 soccer를 가장 강하게 발음해야 해요. 그러니까 I와 love를 같은 톤으로 강하게 말한 후, love에서 잠깐 뜸을 들였다가 soccer를 짧고 강한 톤으로 발음하세요.

Step 2 ***Listen & Repeat***
스크립트 보고, 오디오 들으며 큰 소리로 따라 말하기 (5회)

1 ☑ 2 ☐ 3 ☐ 4 ☐ 5 ☐

Step 3 ***Shadowspeak***
스크립트 없이, 오디오만 들으며 큰 소리로 따라 말하기 (7회)

1 ☑ 2 ☐ 3 ☐ 4 ☐ 5 ☐ 6 ☐ 7 ☐

Read Aloud
스크립트만 보고, 오디오 없이 큰 소리로 따라 말하기 (7회)

필요하면 오디오를 듣고, 정확한 발음을 확인한 후, 따라 말하기 연습을 하세요.

/ 끊어 읽기　　억양　　**볼드** 강세를 두어 읽는 부분　　연음

Almost **everyone** knows about **Google**.

Google is an **incredible search tool** / on the **Internet**.

Google can **help** you **find** almost **everything** / on the **Internet**. It's like **magic**.

Type any **word** or **sentence** into the **search box** / and **see** **what** you **find**.

What do you like to **google**?

I love soccer!

Soccer is the **most popular sport** / in the **world**.

Google can **help** you **find** all **kinds** of **information** / about **soccer** / around the **world**.

Google can find soccer websites, / soccer photos / and soccer videos.

Did you **know** / that you can even **look down** at **soccer stadiums** / with the **Google Earth tool**?

Wow, / **Google** is pretty **amazing**.

Here are some **fun facts** / about **Google**:

– **Google** was **invented** by **two college students** / in the **1990's**.

– **Google** now **has** some **20,000 employees**.

– **Google** is **worth** / **billions** of **dollars**.

Wrap-Up. Speak

반복해서 Extra-Step 따라 읽은 내용을 기억하여 말하기

Almost everyone knows about Google. Google is ____________________ on the Internet.

Google can help you find almost everything on the Internet. It's ____________________. ____________________ ____________ into the search box and see what you find.

What do you like ____________________? I love soccer!

Soccer is the most popular sport in the world.

Google can help you ____________________ about soccer around the world.

Google can find soccer websites, soccer photos and ____________________.

Did you know that you can even ____________________ with the Google Earth tool?

Wow, Google is pretty amazing. Here are ____________ ____________ about Google:

– Google was invented ________________ in the 1990's.

– Google now ____________________ 20,000 employees.

– Google is worth ____________________.

Chapter 02

TALE Telling

The Horse and the Ass

말과 당나귀 (이솝 우화)

day 41	starting time	y m d	:
	finishing time	y m d	:
	Total		min.

day 42	starting time	y m d	:
	finishing time	y m d	:
	Total		min.

The Horse and the Ass

MP3 **021**

Listen
오디오를 들으면서 끊어 읽어야 하는 부분에 슬래시(/) 표시를 하며 내용 이해하기

❶A horse and an ass were travelling together.

The ass carried a heavy load on its back.

"I wish I were you," sighed the ass.

The ass wanted to be like the horse because it had no load.

❷Next day, however, there was a great battle, and the horse was fatally wounded.

❸The ass was happy not to be the horse after all.

Voca Check

load 짐 | sigh 한숨 쉬다, 한숨지으며 말하다 | be fatally wounded 치명상을 입다 *cf.* wound 상처를 입히다(wounded-wounded) | after all 결국, 어쨌든

낭독 코치의 족집게 조언

1 **A horse and an ass were travelling together.**

연음 영어가 리드미컬하게 들리는 이유 중의 하나는 여러 단어들을 마치 한 단어처럼 부드럽게 이어서 발음하는 연음(Liaison)때문이에요. 예컨대, 이 문장의 and an ass의 경우, 각 단어들을 따로 하나씩 발음하지 말고 마치 한 단어처럼 [앤더-내스]라고 부드럽게 이어서 발음하면 리듬감이 생기죠.

2 **Next day, ↘ however, ↗ there was a great battle, and the horse was fatally wounded.**

억양 앞 문장과 대조되는 내용이 나옴을 알리는 however가 문장 중간에 쓰인 경우, however의 억양은 말하는 사람의 습성과 문맥의 뉘앙스에 따라 달라져요. 이 문장에서는 however 앞에서 살짝 억양을 내렸다가 다시 억양을 올려주는 식으로 발음하고 있어요.

3 **The ass was happy / not to be the horse / after all.**

끊어 읽기 영어 낭독 시 어디서 끊어 읽기를 하는지만 보아도 대충 그 사람의 '영어 내공'을 짐작할 수 있어요. 이 문장을 제대로 이해하고 읽는다면 to부정사를 부정하는 단어인 not 앞에서 잠시 끊어 읽어주어야 해요. 그래야 듣는 사람에게 정확한 의미가 전달된답니다. 그리고 '결국', '어쨌든'이란 의미의 after all이란 표현이 문장 맨 끝에 위치할 경우에는 보통 after all 앞에서 짧게 끊어 읽기를 해주는 게 좋아요.

Step 2 **Listen & Repeat**

스크립트 보고, 오디오 들으며 큰 소리로 따라 말하기 (5회)

1 ☑ 2 ☐ 3 ☐ 4 ☐ 5 ☐

Step 3 **Shadowspeak**

스크립트 없이, 오디오만 들으며 큰 소리로 따라 말하기 (7회)

1 ☑ 2 ☐ 3 ☐ 4 ☐ 5 ☐ 6 ☐ 7 ☐

Read Aloud

스크립트만 보고, 오디오 없이 큰 소리로 따라 말하기 (7회)

1 2 3 4 5 6 7

필요하면 오디오를 듣고, 정확한 발음을 확인한 후, 따라 말하기 연습을 하세요.

/ 끊어 읽기 ↗↘ 억양 **볼드** 강세를 두어 읽는 부분 ◡ 연음

A **horse** and an **ass** / were **travelling together**.

The **ass carried** a **heavy load** / on its **back**.

"**I wish** I were **you**," / **sighed** the **ass**.

The **ass wanted** to be like the **horse** / **because** it **had no load**.

Next day,↘ **however**,↗/ **there** was a **great battle**, / and the **horse** was **fatally wounded**.

The **ass** was **happy** / **not** to be the **horse** / **after all**.

Wrap-Up. Speak
반복해서 따라 읽은 내용을 기억하여 말하기

A horse and an ass were ______________.

The ass ______________ on its back.

"______________," sighed the ass.

The ass wanted to ______________ because it had no load.

Next day, however, there was a great battle, and the horse was ______________.

The ass was happy not to be the horse ______________.

The Ugly Duckling

미운 오리 새끼 (안데르센 동화)

day 43	starting time	y m d :
	finishing time	y m d :
	Total	min.

day 44	starting time	y m d :
	finishing time	y m d :
	Total	min.

The Ugly Duckling

MP3 022

Listen

오디오를 들으면서 끊어 읽어야 하는 부분에 슬래시(/) 표시를 하며 내용 이해하기

A duckling hatched in the barnyard.

❶It was too grey, too large and too clumsy.

❷The other animals mistreated him, so he left.

Almost a year later, he saw some beautiful swans in a pond.

He was afraid to approach them.

But to his surprise, they welcomed and accepted him.

❸He gazed at his reflection and saw that he too was a beautiful swan.

Voca Check

duckling 오리 새끼 *cf.* duck 오리 | hatch 알을 깨고 나오다, 태어나다 | barnyard 농가의 헛간 | clumsy 서투른; 뒤뚱거리는 | mistreat 학대하다, 구박하다 | swan 백조 | pond 연못 | approach 다가가다 | to one's surprise 놀랍게도, 의외로 | gaze at ~을 뚫어지게 쳐다보다 | reflection 비친 모습, 반사

낭독 코치의 족집게 조언

1

It was too grey,→ too large↗ and too clumsy.↘

억양 이 문장은 'too+형용사'의 표현이 세 번 반복되고 있어요. 이때 세 표현을 똑같은 억양으로 읽어준다면 밋밋해서 전혀 리듬감이 생기지 않죠. 이때는 억양을 조금씩 달리 해서 읽어주어야 해요. 즉, 맨 처음 too grey는 정상 억양으로 읽어주고, 그리고 나서 too large에서 억양을 조금 올렸다가, 다시 too clumsy에서 억양을 내리는 식으로 읽으면 굿.

2

The other animals mistreated him, so he left.

발음 artist처럼 강세가 있는 음절 다음에 t가 오는 경우에는 t 발음이 아주 약해져서 흔히 [d]처럼 발음을 해요. 즉, [아티스트]가 아니라 [아디스트]처럼 발음을 하죠. 이 문장의 mistreated란 단어 역시 강세가 있는 음절 다음에 위치한 t의 발음을 [d]에 가깝게 하여 [미스트리디드]처럼 발음을 한답니다. 한편, 동사의 과거형을 표시하는 -ed의 발음은 [드] 또는 [트]라고 또렷하게 발음하지 말고 아주 약하게 해주세요. 이런 -ed를 강하게 발음하는 것은 결코 유창한 영어가 아니에요.

3

He gazed at his reflection / and saw that / he too / was a beautiful swan.

끊어 읽기 이 문장은 and 앞뒤로 위치한 두 개의 큰 의미 덩어리로 이루어져 있어요. 그러므로 and 앞에서 끊어 읽기를 해주세요. 그리고 and 다음의 의미 덩어리에서는 that절의 주어인 he too를 다소 강조하는 의미에서 he too 앞뒤에서 역시 잠깐 끊어 읽으세요.

Step 2 ***Listen & Repeat***
스크립트 보고, 오디오 들으며 큰 소리로 따라 말하기 (5회)

1 ☑ 2 ☐ 3 ☐ 4 ☐ 5 ☐

Step 3 ***Shadowspeak***
스크립트 없이, 오디오만 들으며 큰 소리로 따라 말하기 (7회)

1 ☑ 2 ☐ 3 ☐ 4 ☐ 5 ☐ 6 ☐ 7 ☐

Read Aloud
스크립트만 보고, 오디오 없이 큰 소리로 따라 말하기 (7회)

1 ☑ 2 ☐ 3 ☐ 4 ☐ 5 ☐ 6 ☐ 7 ☐

필요하면 오디오를 듣고, 정확한 발음을 확인한 후, 따라 말하기 연습을 하세요.

/ 끊어 읽기 억양 **볼드** 강세를 두어 읽는 부분 연음

A **duckling hatched** / in the **barnyard**.

It was **too grey**, / **too large** and **too clumsy**.

The **other animals mistreated** him, / **so** he **left**.

Almost a **year later**, / he **saw** some **beautiful swans** / in a **pond**.

He was **afraid** to **approach** them.

But to his **surprise**, / they **welcomed** / and **accepted** him.

He **gazed** at his **reflection** / and **saw** that / **he too** / was a **beautiful swan**.

Wrap-Up. Speak

반복해서 따라 읽은 내용을 기억하여 말하기

A duckling ________________ in the barnyard.

It was too grey, too large ________________.

The other animals ________________, so he left.

________________, he saw some beautiful swans in a pond.

He was afraid ________________

But ________________, they welcomed and accepted him.

He ________________ and saw that he too was a beautiful swan.

The Tree and the Reed

떡갈나무와 갈대 (이솝 우화)

day 45	starting time	y m d :
	finishing time	y m d :
	Total	min.

day 46	starting time	y m d :
	finishing time	y m d :
	Total	min.

45 day The Tree and the Reed

MP3 023

Step 1

Listen
오디오를 들으면서 끊어 읽어야 하는 부분에 슬래시(/) 표시를 하며 내용 이해하기

❶A tree once told a reed to dig its roots deeply into the ground.
It also told the reed to raise its head boldly in the air.

❷The reed said it was happy the way it was.

❸One day, a hurricane came and blew the tree over.

The tree had to repent of its boasting.

Yet, the reed was okay.

It stood upright, bending to the force of the wind.

Voca Check

reed 갈대 | dig 땅을 파다 (dug-dug) | boldly 대담하게, 당당히 | the way it is 이 모습 그대로
hurricane 태풍 | blow (바람에) 날려 보내다 (blew-blown) | repent of ~을 후회하다, ~을 뉘우치다 |
boast 자랑하다, 큰 소리 치다 | upright 똑바른, 꼿꼿한 | bend 휘다, 구부러지다 (bent-bent)

낭독 코치의 족집게 조언

1 A tree once told a reed to dig its roots deeply into the ground.

발음·연음 true, try처럼 t가 r과 함께 나란히 쓰인 경우에는 t를 [트]가 아니라 [츄]처럼 발음해요. 따라서 tree 역시 [트뤼]가 아니라 [츄뤼]처럼 발음한답니다. 이 문장에서 told a와 dig its를 발음할 때는 각 단어들을 따로 발음하지 말고 자연스럽게 이어서 마치 한 단어처럼 [토울더], [디깃츠]라고 연음 발음을 해주세요.

2 The reed said it was happy the way it was.

발음 r과 l은 한국인들이 흔히 잘 구분해서 발음하지 못하는 발음이에요. 예컨대, reed를 [리드]처럼 읽으면 원어민들은 십중팔구 lead로 이해할 거예요. 이때는 [리드]가 아니라 [뤼드]에 가깝게 발음해야 해요. 이처럼 r을 발음할 때는 [리]가 아니라 [뤼]의 기분으로 해야 한다는 걸 기억하세요. 한편 kid, board처럼 단어 맨 끝에 d가 쓰였거나 paid, moved처럼 -d로 끝나는 동사의 과거형의 경우는 맨 끝의 -d를 강하게 발음하지 않고 거의 들리지 않을 정도로 약하게 해줘요. 따라서 이 문장의 reed와 said를 발음할 때도 [뤼드], [쎄드]가 아니라 끝의 d가 없는 것처럼 [뤼-], [쎄-]로 발음하죠.

3 One day, → / a hurricane came↘ / and blew the tree over.↗

끊어 읽기·억양 이 문장을 리듬감 있게 읽으려면 어떻게 하면 될까요? 의미 단위가 끝나는 부분에서 억양을 달리해 읽어주면 되요. 예컨대, 첫 번째 의미 단위인 One day는 정상 억양으로 읽어주고, 두 번째 a hurricane came에서 억양을 약간 내렸다가, 마지막 의미 덩어리인 blew the tree over에서 다시 억양을 올려주는 거예요. 그러면 억양 차이로 인해 자연스레 문장의 리듬감이 살아나죠.

Step 2 ***Listen & Repeat***
스크립트 보고, 오디오 들으며 큰 소리로 따라 말하기 (5회)

1 ☑ 2 ☐ 3 ☐ 4 ☐ 5 ☐

Step 3 ***Shadowspeak***
스크립트 없이, 오디오만 들으며 큰 소리로 따라 말하기 (7회)

1 ☑ 2 ☐ 3 ☐ 4 ☐ 5 ☐ 6 ☐ 7 ☐

Read Aloud

스크립트만 보고, 오디오 없이 큰 소리로 따라 말하기 (7회)

필요하면 오디오를 듣고, 정확한 발음을 확인한 후, 따라 말하기 연습을 하세요.

/ 끊어 읽기 ↗↘ 억양 **볼드** 강세를 두어 읽는 부분 ◡ 연음

A **tree** / **once told** a **reed** / to **dig** its **roots** / **deeply** into the **ground**.

It also told the **reed** / to **raise** its **head** / **boldly** in the **air**.↗

The **reed said** / it was **happy** / the **way** it **was**.↘

One day, / a **hurricane came**↘/ and **blew** the **tree over**.↗

The **tree had** to **repent** / of its **boasting**.

Yet, the **reed** was **okay**.

It **stood upright**, / **bending** to the **force** of the **wind**.

Wrap-Up. Speak
반복해서 따라 읽은 내용을 기억하여 말하기

A tree once told a reed ______________________ deeply into the ground.

It also told the reed ______________________ boldly in the air.

The reed said it was happy ______________________.

One day, a hurricane came and ______________________.

The tree had to ______________________.

______________________, the reed was okay.

It ______________________, bending to the force of the wind.

The Lion's Share

사자의 몫 (이솝 우화)

day 47	starting time	y	m	d	:	
	finishing time	y	m	d	:	
	Total					min.

day 48	starting time	y	m	d	:	
	finishing time	y	m	d	:	
	Total					min.

The Lion's Share

MP3 024

Listen
오디오를 들으면서 끊어 읽어야 하는 부분에 슬래시(/) 표시를 하며 내용 이해하기

❶Long ago, the lion went hunting along with fox, jackal and wolf.

❷They made a promise that the spoil should be divided equally.

They found a stag and killed it so they could eat it.

The lion, because he was the king of beasts, said he should have it all.

The others dared not challenge the lion.

❸So they left, saying "The lion was willing to work with others but would not share the reward."

Voca Check

spoil 잡은 것, 포획물 | stag 수사슴 | beast 짐승 | dare+동사 감히 ~하다 | be willing+to부정사 기꺼이 ~하려고 하다 | reward 보상, 보답

낭독 코치의 족집게 조언

1 **Long ago, the lion went hunting along with fox, jackal and wolf.**

발음 coat, head처럼 두 음절로 된 -t 또는 -d로 끝나는 단어의 경우, t나 d는 마치 없는 것처럼 아주 약하게 발음해요. 그래서 [코-], [헤-]처럼 들리죠. 이 문장에서도 went의 원어민 발음을 들어보면 [웬트]라고 하지 않고 t를 생략한 듯 [웬-]처럼 발음하고 있어요.

2 **They made a promise that the spoil should be divided equally.**

리듬 한국인들의 고질적 영어 발음 문제점 중의 하나가 강약의 조절 없이 일정한 톤으로 말한다는 거예요. 이 문장도 그냥 밋밋하게 읽지 말고, 의미 전달에 중요한 내용어(Content)들인 made, promise, spoil, divided, equally는 강하게, 그리고 나머지 기능어(Function)들은 약하게 발음하세요.

3 **So they left, / saying / "The lion was willing to work with others / but would not share the reward."**

끊어 읽기 콤마(,) 다음에서는 끊어 읽기를 하세요. 그리고 콤마 다음에 긴 인용문과 더불어 saying이 올 경우에는 가능한 saying 다음에서 짧게 끊어 읽는 것이 좋아요. 그리고 마지막에 위치한 인용문에서는 두 개의 의미 덩어리를 연결하고 있는 but 앞에서 잠시 끊어 읽으세요.

Step 2 **Listen & Repeat**
스크립트 보고, 오디오 들으며 큰 소리로 따라 말하기 (5회)

1 ☑ 2 ☐ 3 ☐ 4 ☐ 5 ☐

Step 3 **Shadowspeak**
스크립트 없이, 오디오만 들으며 큰 소리로 따라 말하기 (7회)

1 ☑ 2 ☐ 3 ☐ 4 ☐ 5 ☐ 6 ☐ 7 ☐

Read Aloud
스크립트만 보고, 오디오 없이 큰 소리로 따라 말하기 (7회)

1 2 3 4 5 6 7

필요하면 오디오를 듣고, 정확한 발음을 확인한 후, 따라 말하기 연습을 하세요.

/ 끊어 읽기　　억양　　**볼드** 강세를 두어 읽는 부분　　연음

Long ago, / the **lion went hunting** / **along** with **fox**, / **jackal** / and **wolf**.

They **made** a **promise** / that the **spoil** should be **divided equally**.

They **found** a **stag** / and **killed** it / **so** they could **eat** it.

The **lion**, / **because** he was the **king** of **beasts**, / **said** / **he** should **have** it **all**.

The **others** / **dared not challenge** the **lion**.

So they **left**, / **saying** / "The **lion** was **willing** to **work** with **others** / but **would not share** the **reward**."

Wrap-Up. Speak
반복해서 따라 읽은 내용을 기억하여 말하기

______________, the lion went hunting along with fox, jackal and wolf.

They ______________ that the spoil should be divided equally.

They found a stag and killed it ______________.

The lion, because he was the king of beasts, said he should ______________.

The others dared not ______________.

So they left, saying "The lion ______________ with others but would not share the reward".

The Fox and the Grapes

여우와 포도 (이솝 우화)

day 49	starting time	y	m	d	:
	finishing time	y	m	d	:
	Total				min.

day 50	starting time	y	m	d	:
	finishing time	y	m	d	:
	Total				min.

49 day The Fox and the Grapes

MP3 025

A fox was strolling through an orchard.

He saw some grapes ripening on a vine.

❶He thought the grapes would take away his thirst.

❷The vine was very high so he jumped up, but he could not reach the grapes.

❸Turning round again with a One, Two, Three, he jumped up, but with no luck.

Again and again he tried.

But at last he had to give it up and walked away, saying that the grapes were probably too sour.

Voca Check

stroll 어슬렁어슬렁 거닐다 | orchard 과수원 | ripen 무르익다 *cf.* ripe 무르익은 | vine 덩굴, 포도나무 (= grapevine) | take away thirst 갈증을 없애다(= quench thirst) | sour 시큼한, 신

낭독 코치의 족집게 조언

1 He thought the grapes would take away his thirst.

발음 would에서 [wu] 발음은 단순하게 [우]가 아니에요. 엄밀히 말해 [wu]에 해당하는 우리말 발음은 없다고 봐야 해요. 하지만 굳이 표기를 한다면 [우어] 또는 [우워]에 가까울 거예요. 따라서 would를 [우어드] 또는 [우워드]에 가깝게 발음하세요. 그리고 이때 맨 앞의 [우]는 아주 약하게 발음해요. 하지만 would의 정확한 발음은 글이나 말로 써 설명할 수 없어요. 오직 여러분이 원어민의 발음을 세심히 듣고 마치 자전거를 처음 배울 때처럼 스스로 '수없이 넘어지며 깨치는' 수밖에 없어요. 특히 would는 빈번하게 사용하는 단어인 만큼 이번 기회에 어느 정도 원어민에 근접한 발음의 감을 잡을 때까지 반복해 연습을 해두세요.

2 The vine was very high so he jumped up, but he could not reach the grapes.

리듬 문장의 주요 성분 즉, 주어, 서술어, 목적어 또는 보어의 역할을 하는 명사, 의미 동사(구), 또는 형용사 등은 상대적으로 강하게 읽어줘요. 이 문장에서는 vine, very high, jumped up, reach, grapes 등이 거기에 해당하는 단어들이죠. 그런데 원어민의 음성을 들어보면, '아주 높아서 점프를 해봤으나 소용이 없었다'라는 의미를 매우 강조하기 위해 very high, jumped up, 그리고 not을 특별히 강하게 발음하고 있어요. 그리고 동사를 부정할 때 사용하는 not은 보통 그다지 강하게 발음하지 않지만 여기서는 '소용이 없었다'라는 부정적 의미를 부각시키려고 not을 아주 강하게 발음하고 있어요.

3 Turning round again with a One, Two, Three, he jumped up, but with no luck.

연음 이 문장에서 round again과 jumped up을 읽어줄 때, 개별 단어들을 딱딱하게 발음하지 말고, 자연스럽게 이어서 마치 한 단어인양 [롸운더-겐], [점(프)-텁]처럼 연음을 구사하며 발음하세요.

Step 2 ***Listen & Repeat***
스크립트 보고, 오디오 들으며 큰 소리로 따라 말하기 (5회)

1 ☑ 2 ☐ 3 ☐ 4 ☐ 5 ☐

Step 3 ***Shadowspeak***
스크립트 없이, 오디오만 들으며 큰 소리로 따라 말하기 (7회)

1 ☑ 2 ☐ 3 ☐ 4 ☐ 5 ☐ 6 ☐ 7 ☐

Read Aloud
스크립트만 보고, 오디오 없이 큰 소리로 따라 말하기 (7회)

1 2 3 4 5 6 7

필요하면 오디오를 듣고, 정확한 발음을 확인한 후, 따라 말하기 연습을 하세요.

/ 끊어 읽기 억양 **볼드** 강세를 두어 읽는 부분 연음

A **fox** / was **strolling** through an **orchard**.

He **saw** some **grapes** / **ripening** on a **vine**.

He **thought** / the **grapes** would **take away** his **thirst**.

The **vine** was **very high** / so he **jumped up**, / but he could **not reach** the **grapes**.

Turning round again / with a **One**, **Two**, **Three**, / he **jumped up**, / **but** with **no luck**.

Again / **and again** / he **tried**.

But at **last** / he **had** to **give** it up / and **walked away**, / **saying** that the **grapes** were **probably too sour**.

Wrap-Up. Speak

반복해서 따라 읽은 내용을 기억하여 말하기

A fox was ______________ an orchard.

He saw some grapes ______________.

He thought the grapes would ______________.

The vine was very high ______________, but he could not reach the grapes.

Turning round again with a One, Two, Three, he jumped up, but ______________.

______________ he tried.

But at last he had to give it up and walked away, saying that the grapes were ______________.

The Shepherd's Boy

양치기 소년 (이솝 우화)

day 51	starting time	y m d :
	finishing time	y m d :
	Total	min.

day 52	starting time	y m d :
	finishing time	y m d :
	Total	min.

The Shepherd's Boy

MP3 026

Listen
오디오를 들으면서 끊어 읽어야 하는 부분에 슬래시(/) 표시를 하며 내용 이해하기

A lonely, young shepherd boy tended his sheep near a forest.

(1) One day, he shouted "Wolf, Wolf" and the villagers ran to help him.

❷There was no wolf, but he enjoyed their company.
He tried the same thing again later.
Once again, the villagers came to help, in vain.
❸But then a wolf really did attack his sheep.
He cried "Wolf, Wolf", but no one came to help.
The villagers thought they were being fooled again.
The wolf made a good meal of the flock.

Voca Check

shepherd 양치기 | tend 돌보다 | villagers 마을 사람들 | company 함께 함, 교제 | in vain 헛되이, 허탕 친 | be fooled 놀림을 당하다, 속임수에 속다 | flock 떼, 무리

낭독 코치의 족집게 조언

1 One day, he shouted "Wolf, Wolf" and the villagers ran to help him.

발음 wolf의 우리말 발음을 흔히 [울프]라고 표기하는데, 사실 wolf의 [wu] 발음은 [우]와는 달라요. 앞서 would의 발음에서 설명한 것처럼, [우어] 또는 [우워]에 가깝죠. 그러므로 wolf 역시 [우얼프] 또는 [우월프]에 가깝게 발음하는 것이 올바른 발음이에요. 그리고 아주 빨리 말할 때는 마치 l이 없는 것처럼 [우어프] 또는 [우워프]라고 발음하기도 한답니다.

2 There was no wolf, but he enjoyed their company.

발음 but의 u를 발음 기호로 표기하면 [ʌ]예요. [ʌ]는 [아]와 [의]의 중간음에 해당해요. 따라서 but을 [밧] 또는 [벗]이라고 발음하는 것은 사실 정확한 발음이 아니에요. 그런데 [밧]과 [벗]의 중간 발음을 한다는 것이 쉬운 일이 아니잖아요? 그럴 때는 아예 [벗] 보다는 [밧]에 가깝게 발음하세요. 그러면 아마 원어민들이 훨씬 잘 알아들을 거예요. 하지만 이것 역시 정확한 발음이 아니므로 원어민의 발음을 주의 깊게 듣고 따라해 보세요.

3 But then↘ a wolf really did attack his sheep.

억양·강세 문장 맨 처음의 But then을 그냥 밋밋하게 발음하지 말고, 억양을 내려주면서 발음하면 리듬감 있게 문장을 시작할 수 있어요. 그리고 문장 중간의 did는 특별히 강하게 발음하세요. 왜냐하면 이때 did는 동사 attack을 특별히 강조하기 위해 사용되었기 때문이에요. 만약 이렇게 특별히 강조할 필요가 없다면 굳이 did를 쓰지 않고 그냥 attacked라고 했겠죠.

Step 2 ***Listen & Repeat***

스크립트 보고, 오디오 들으며 큰 소리로 따라 말하기 (5회)

1☑ 2☐ 3☐ 4☐ 5☐

Step 3 ***Shadowspeak***

스크립트 없이, 오디오만 들으며 큰 소리로 따라 말하기 (7회)

1☑ 2☐ 3☐ 4☐ 5☐ 6☐ 7☐

Read Aloud

스크립트만 보고, 오디오 없이 큰 소리로 따라 말하기 (7회)

1 ☑ 2 ☐ 3 ☐ 4 ☐ 5 ☐ 6 ☐ 7 ☐

필요하면 오디오를 듣고, 정확한 발음을 확인한 후, 따라 말하기 연습을 하세요.

/ 끊어 읽기 　 억양 　 **볼드** 강세를 두어 읽는 부분 　 연음

A **lonely**, **young shepherd boy** / **tended** his **sheep** / near a **forest**.

One day, / he **shouted** / "**Wolf**, **Wolf**" / and the **villagers ran** to **help** him.

There was **no wolf**, / **but** he **enjoyed** their **company**.

He **tried** the **same thing** / **again** later.

Once **again**, / the **villagers came** to **help**, / in **vain**.

But **then** / a **wolf really did attack** his **sheep**.

He **cried** / "**Wolf**, **Wolf**", / but **no one came** to **help**.

The **villagers thought** / they were being **fooled again**.

The **wolf made** a **good meal** / of the **flock**.

Wrap-Up. Speak
반복해서 따라 읽은 내용을 기억하여 말하기

A lonely, young shepherd boy .... near a forest.

One day, ... "Wolf, Wolf" and the villagers ran to help him.

There was no wolf, but he ....

He .... again later.

Once again, the villagers came to help, ...

But then a wolf really .... his sheep.

.... "Wolf, Wolf", but no one came to help.

The villagers thought they were .... again.

The wolf .... the flock.

Goldilocks and the Three Bears

골디락스와 곰 세 마리 (영국 동화)

day 53	starting time	y m d :
	finishing time	y m d :
	Total	min.

day 54	starting time	y m d :
	finishing time	y m d :
	Total	min.

Goldilocks and the Three Bears

MP3 027

Listen
오디오를 들으면서 끊어 읽어야 하는 부분에 슬래시(/) 표시를 하며 내용 이해하기

❶There once was a family of bears; mama bear, papa bear, and baby bear.
One day, when they weren't at home, a little girl named Goldilocks went inside.
She tried eating their porridge on the table.
❷The baby bear's tasted just right, so she ate it all up.

Then, she went into the next room and found their beds.

The big bed was too hard, the medium-sized bed was too soft, but the little bed was just right.

She fell asleep in the baby bear's bed.

❸Just then, the three bears came home to find their house in a mess.

When she awoke, Goldilocks saw them and ran away.

Voca Check

porridge 오트밀, 귀리죽 | eat up 다 먹다 | fall asleep 잠이 들다 | in a mess 엉망으로 어질러져 | awake 잠에서 깨다 (awoke-awoken)

낭독 코치의 족집게 조언

1 There once was a family of bears; mama bear, papa bear, and baby bear.

억양 이 문장을 유창하게 읽으려면 억양을 잘 처리해주어야 해요. 그러니까 a family of bears에서 억양을 올렸다가, mama bear와 papa bear에서 억양을 내리고, and에서 억양을 올리고 baby bear에서 다시 억양을 내려요.

2 The baby bear's tasted just right, so she ate it all up.

억양 이 문장을 읽을 때 just right의 억양 처리하는 것을 보면 대충 그 사람의 영어 말하기 내공을 짐작할 수 있어요. 이때 just right는 just에서 억양을 올렸다가 right에서 내려주는 식으로 발음해요. 이렇게 발음해야 '딱 맞다'라는 의미가 실감나게 전달되죠. 그리고 문장 끝 부분의 all up을 발음할 때도 '모두 다 먹어치웠다'라는 뉘앙스를 효과적으로 전달하려면 all과 up 두 단어의 억양을 모두 올려서 발음해요.

3 Just then, the three bears came home to find their house in a mess.

발음·연음 just는 보통 t를 거의 들리지 않을 정도로 약하게 발음해요. [저스트]가 아니라 [저스]처럼요. 또 그 다음에 then과 함께 나란히 쓰일 경우, 연음 현상이 일어나서 마치 한 단어처럼 [저스-덴]으로 발음해요. 이 문장 끝 부분 in a mess에서 in a의 경우도 두 단어를 자연스럽게 이어서 [이너]처럼 연음 발음을 해요.

Step 2 ***Listen & Repeat***
스크립트 보고, 오디오 들으며 큰 소리로 따라 말하기 (5회)

1 ☑ 2 ☐ 3 ☐ 4 ☐ 5 ☐

Step 3 ***Shadowspeak***
스크립트 없이, 오디오만 들으며 큰 소리로 따라 말하기 (7회)

1 ☑ 2 ☐ 3 ☐ 4 ☐ 5 ☐ 6 ☐ 7 ☐

Read Aloud
스크립트만 보고, 오디오 없이 큰 소리로 따라 말하기 (7회)

1 2 3 4 5 6 7

필요하면 오디오를 듣고, 정확한 발음을 확인한 후, 따라 말하기 연습을 하세요.

/ 끊어 읽기　↗↘ 억양　**볼드** 강세를 두어 읽는 부분　‿ 연음

There once was a **family** of **bears**;↗/ mama bear↘, papa bear↘, and↗ baby bear.↘

One day, / when they **weren't** at **home**, / a **little girl** named **Goldilocks** / **went inside**.

She **tried eating** their **porridge** / on the **table**.

The **baby bear's tasted just**↗ **right**,↘/ so she **ate** it **all up**.

Then, / she **went** into the **next room** / and **found** their **beds**.

The **big bed** was **too hard**,↘/ the **medium-sized bed** was **too soft**,↗/ **but** the **little bed** was **just**↗**right**.↘

She **fell asleep** / in the **baby bear's bed**.

Just then,↘/ the **three bears came home** / to **find** their **house** in a **mess**.

When she **awoke**, / **Goldilocks saw them** / and **ran away**.

Wrap-Up. Speak

반복해서 따라 읽은 내용을 기억하여 말하기

.... a family of bears; mama bear, papa bear, and baby bear.

One day, when they weren't at home, a little girl .... went inside.

She tried .... on the table.

The baby bear's ...., so she ate it all up.

Then, she .... and found their beds.

The big bed was too hard, ..., but the little bed was just right.

She .... in the baby bear's bed.

Just then, the three bears came home to find their house ....

...................................., Goldilocks saw them and ran away.

The Goose with the Golden Eggs

황금 알을 낳는 거위 (이솝 우화)

day 55	starting time	y m d	:
	finishing time	y m d	:
	Total		min.

day 56	starting time	y m d	:
	finishing time	y m d	:
	Total		min.

55 day The Goose with the Golden Eggs

MP3 028

Listen
오디오를 들으면서 끊어 읽어야 하는 부분에 슬래시(/) 표시를 하며 내용 이해하기

A farmer once owned a goose.

❶One day, he went to get the egg his goose laid.

❷When he took it up, it was as heavy as lead.

So he was going to throw it away.

But he took it home on second thought.

To his delight, he found that it was an egg of pure gold.

Every day there was a new golden egg.

He soon became rich by selling his eggs.

❸He got greedy and decided to kill the goose to get all the gold.

He killed it, cut it open and found nothing.

Voca Check

own a goose 거위를 소유하다 | the egg his goose laid 그의 거위가 낳은 알 *cf.* lay an egg 알을 낳다 | as heavy as lead 납덩이처럼 아주 무겁다 | on second thought 다시 생각하여 | to one's delight 기쁘게도 | pure gold 순금 | get greedy 욕심이 생기다, 탐욕스러워지다 | cut it open 그것을 갈라서 열어보다

낭독 코치의 족집게 조언

1 One day he went to get the egg his goose laid.

발음 apple, egg, island처럼 모음으로 시작되는 단어의 경우, 앞에 부정관사를 쓸 때 a가 아니라 an을 사용해요. 그리고 앞에 정관사가 올 경우는 the의 발음을 [더]가 아니라 [디]로 하죠. 물론 원어민들이 일상생활에서 말할 때는 꼭 이런 규칙대로 발음하지 않을 때도 많이 있어요. 하지만 외국인인 우리 입장에서는 가능하면 규칙대로 발음하는 게 좋겠죠.

2 When he took it up, it was as heavy as lead.

연음·발음 이 문장에서 took it up은 전형적인 연음 발음이에요. 그러니까 세 단어처럼 따로 읽지 말고 마치 한 단어인양 [투키텁]처럼 발음하세요. 그리고 이때 it에서 t는 약하게 발음되므로 다음 단어인 up의 u와 이어서 발음할 때도 [t]가 아니라 [d]로 연음 발음이 되죠. 그래서 [투키텁]이 아니라 [투키덥]으로 발음되는 거예요.

3 He got greedy / and decided to kill the goose / to get all the gold.

끊어 읽기 and 앞뒤로 두 개의 의미 덩어리가 연결되어 있으므로 일단 and 앞에서 끊어 읽기를 해요. 그리고 and 다음의 의미 덩어리에 to부정사가 두 개가 보이는데, 거위를 죽이기로 결심한 이유가 나중의 to부정사에 설명돼 있으므로 to get all the gold 앞에서도 역시 짧게 끊어 읽으세요.

Step 2 ***Listen & Repeat***
스크립트 보고, 오디오 들으며 큰 소리로 따라 말하기 (5회)

1 ☑ 2 ☐ 3 ☐ 4 ☐ 5 ☐

Step 3 ***Shadowspeak***
스크립트 없이, 오디오만 들으며 큰 소리로 따라 말하기 (7회)

1 ☑ 2 ☐ 3 ☐ 4 ☐ 5 ☐ 6 ☐ 7 ☐

Read Aloud
스크립트만 보고, 오디오 없이 큰 소리로 따라 말하기 (7회)

1 2 3 4 5 6 7

필요하면 오디오를 듣고, 정확한 발음을 확인한 후, 따라 말하기 연습을 하세요.

/ 끊어 읽기 | 억양 | **볼드** 강세를 두어 읽는 부분 | 연음

A **farmer** / **once owned** a **goose**.

One day, / he **went** to **get** the **egg** / his **goose laid**.

When he **took** it **up**, / it was as **heavy** as lead.

So / he was **going** to throw it **away**.

But he **took** it **home** / on **second thought**.

To his **delight**, / he **found** that / it was an **egg** of **pure gold**.

Every day / there was a **new golden egg**.

He **soon became rich** / by **selling** his **eggs**.

He **got greedy** / and **decided** to **kill** the **goose** / to **get all** the **gold**.

He **killed** it, / **cut** it open / and **found nothing**.

Wrap-Up. Speak
반복해서 따라 읽은 내용을 기억하여 말하기

....

One day, he went to get ....

When he ...., it was as heavy as lead.

So he was going to ....

But he took it home ....

...., he found that it was an egg of pure gold.

Every day there was ....

He soon became rich by ....

He .... and decided to kill the goose to get all the gold.

He killed it, ... and found nothing.

The Belly and the Members

위와 신체의 다른 기관들

day 57	starting time	y m d :
	finishing time	y m d :
	Total	min.

day 58	starting time	y m d :
	finishing time	y m d :
	Total	min.

57 day The Belly and the Members

MP3 029

Listen
오디오를 들으면서 끊어 읽어야 하는 부분에 슬래시(/) 표시를 하며 내용 이해하기

❶One day, a thought occurred to the members of the body: 'We were doing all the work and the belly was enjoying all the food.'
So they held a meeting.
After a long discussion, they decided to go on strike until the belly agreed to do its share of the work.
The hands refused to take the food, the mouth refused to receive it, and the teeth had no work to do.
❷Soon, they found that they were not active.
They could not do their jobs properly.
❸They realized that even the belly in its dull, quiet way was doing necessary work for the body.
Thus, they agreed that they all had to work together.

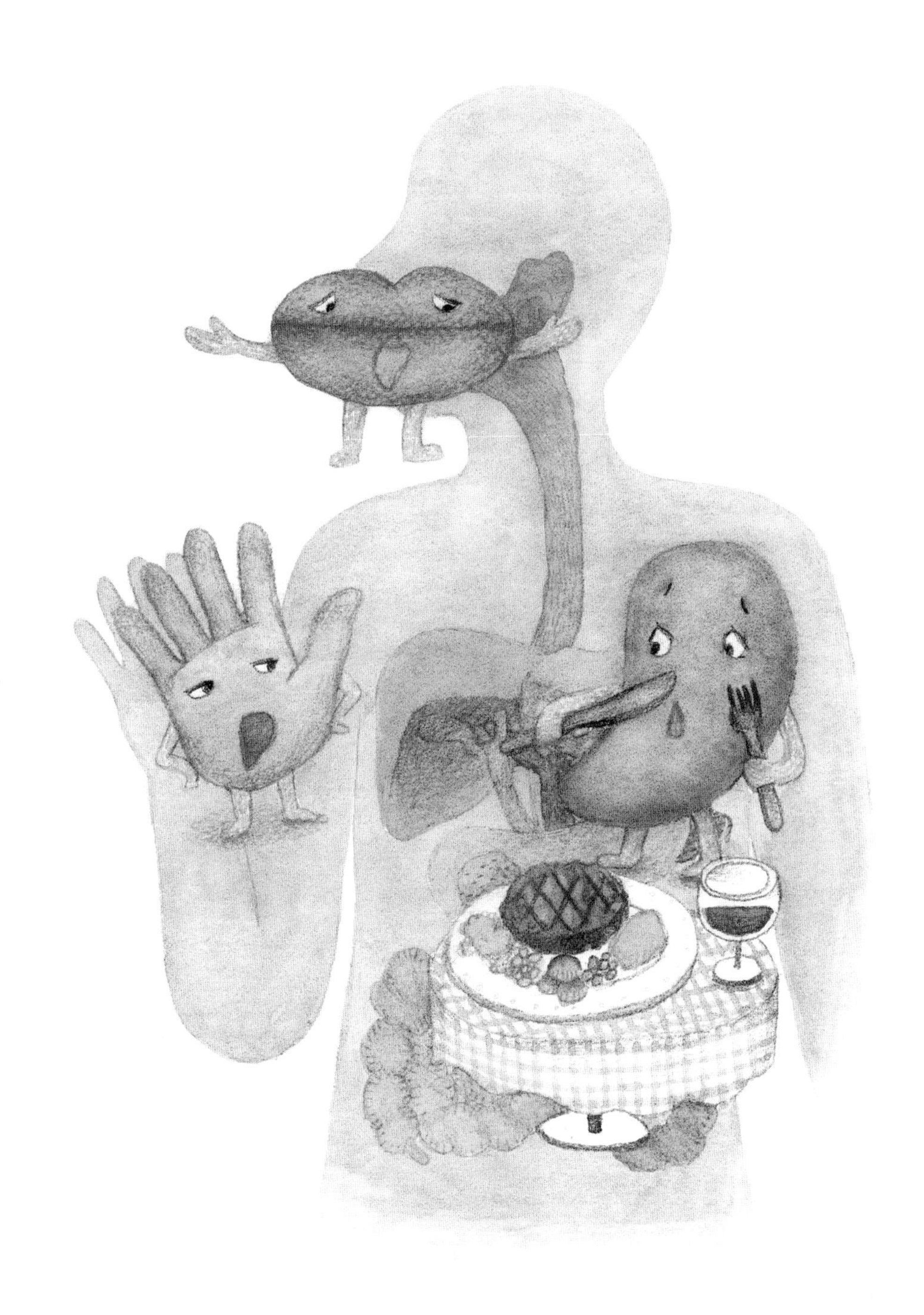

Voca Check

occur (생각이) 머리 속에 떠오르다 | belly 배, 위 | hold a meeting 회의를 열다 | go on strike 파업을 하다 | properly 제대로, 원활히 | realize 깨닫다 | dull 활기 없는; 따분한

낭독 코치의 족집게 조언

1 One day, a thought occurred to the members of the body:

발음·강세 thought에서 ou의 발음을 발음 기호로 표시하면 [ɔː]예요. 여기서 [ɔ] 는 [오]와 [아]의 중간음에 해당하는 소리에요. 따라서 thought를 그냥 [쏘-트]라고 발음하는 것은 정확한 발음이 아니에요. 그렇다고 [싸-트] 역시 올바른 발음이 아니죠. 원어민의 발음을 들어보아도 [쏘-트] 같기도 하고, [싸-트] 같기도 해요. 분명히 이 중간 어딘가에 정확한 발음이 있을 텐데 말이죠. 이런 thought와 같은 발음은 하루아침에 완성되지 않아요. 자, 그럼 원어민의 음성을 들으며 완벽한 thought 발음을 위한 첫걸음을 떼어 보세요. occur는 첫 음절인 o가 아니라 둘째 음절인 u에 강세가 있는 단어라는 것에 각별히 유의해서 발음하세요.

2 Soon,↘ they found↗ that they were not↘ active.↗

억양 이 문장을 자연스럽고 유창하게 말하려면 역시 억양에 신경을 써야 해요. 즉, Soon에서 억양을 내렸다가 found에서 억양을 높이고, 후반부의 not에서 다시 억양을 내렸다가 맨 끝의 active에서 다시 억양을 높여요.

3 They realized / that even the belly / in its dull, quiet way / was doing necessary work / for the body.

끊어 읽기 in its dull, quiet way 앞뒤에서 끊어 읽기를 하는 것에 유의하세요. 보통 in its dull, quiet way와 같은 전치사 구는 문장 맨 앞이나 뒤에 쓰이죠. 그런데 이 문장에서는 that 절의 주어인 the belly와 동사인 was 사이에 일종의 삽입구 형태로 쓰였어요. 그러므로 듣는 사람이 헷갈리지 않게 하려면 in its dull, quiet way 앞뒤에서 짧게 끊어 읽는 게 좋아요.

Step 2 ***Listen & Repeat***
스크립트 보고, 오디오 들으며 큰 소리로 따라 말하기 (5회)

1 ☑ 2 ☐ 3 ☐ 4 ☐ 5 ☐

Step 3 ***Shadowspeak***
스크립트 없이, 오디오만 들으며 큰 소리로 따라 말하기 (7회)

1 ☑ 2 ☐ 3 ☐ 4 ☐ 5 ☐ 6 ☐ 7 ☐

Read Aloud

스크립트만 보고, 오디오 없이 큰 소리로 따라 말하기 (7회)

1 2 3 4 5 6 7

필요하면 오디오를 듣고, 정확한 발음을 확인한 후, 따라 말하기 연습을 하세요.

/ 끊어 읽기 　 억양 　 **볼드** 강세를 두어 읽는 부분 　 연음

One day, / a **thought occurred** to the **members** of the **body**:

'**We** were **doing all** the **work** / and the **belly** was **enjoying all** the **food**.'

So they **held** a **meeting**.

After a **long discussion**, / they **decided** to **go** on **strike** / until the **belly agreed** to **do** its **share** of the **work**.

The **hands refused** to **take** the **food**, / the **mouth refused** to **receive** it, / and the **teeth had no work** to do.

Soon, / they **found** / that they were **not active**.

They could **not do** their **jobs** / **properly**.

They **realized** / that **even** the **belly** / in its **dull**, **quiet way** / was **doing necessary work** / for the **body**.

Thus, / they **agreed** / that they **all had** to **work together**.

Wrap-Up. Speak
반복해서 따라 읽은 내용을 기억하여 말하기

One day, ... to the members of the body:

'We were doing all the work and the belly was ....'

So they ....

After a long discussion, they decided to .... until the belly agreed to do its share of the work.

The hands .... , the mouth refused to receive it, and the teeth had no work to do.

Soon, they found that they were ....

They could not ....

They realized that even the belly .... was doing necessary work for the body.

Thus, ... that they all had to work together.

Sleeping Beauty

잠자는 미녀 (프랑스 동화)

day 59	starting time	y m d :
	finishing time	y m d :
	Total	min.

day 60	starting time	y m d :
	finishing time	y m d :
	Total	min.

Sleeping Beauty

MP3 **030**

Step 1 ***Listen***

오디오를 들으면서 끊어 읽어야 하는 부분에 슬래시(/) 표시를 하며 내용 이해하기

A king and a queen had a baby and named her Aurora. Many visitors came to see the baby, including three good fairies.

Their names were Merryweather, Fauna and Flora.

Another visitor was a king who brought his son, Prince Philip.

❶A wicked fairy also visited and cast a bad spell on the baby.

She said that Aurora would prick her finger on the needle of a spinning wheel and die.

❷Fortunately, one of the good fairies was able to change the spell.

Aurora would not die but only fall asleep.

❸Only the kiss of her true love would wake her up.

On the night of her 16th birthday, Aurora pricked her finger and fell asleep.

Prince Philip kissed her and she woke up.

fairy 요정 | wicked 사악한, 심술궂은 | cast a spell on ~에 마법을 걸다 *cf.* cast 퍼붓다(cast-cast), spell 마법, 주문 | prick one's finger 손가락을 찔리다 | needle 바늘 | spinning wheel 물레 | wake ~ up ~를 잠에서 깨우다

낭독 코치의 족집게 조언

1 A wicked fairy also visited and cast a bad spell on the baby.

끊어 읽기 wicked, visited와 같이 -ed로 끝나는 동사의 과거 또는 과거분사, 그리고 bad, kid와 같이 -d로 끝나는 단음절 단어들은 맨 끝의 [d] 발음을 아주 약하게 발음하여 마치 앞 음절의 ㅅ 받침처럼 발음하는 경우가 많아요. 따라서 [위키드], [비지디드], [배드]가 아니라 [위킷], [비지딧], [뱃]처럼 발음해요. 그리고 visited의 경우, t가 포함된 음절에 강세가 없으므로 t를 [t]가 아니라 [d]로 약하게 하여 [비지팃]이 아니라 [비지딧]처럼 발음한답니다.

2 Fortunately, one of the good fairies was able to change the spell.

리듬 우리말처럼 모노톤으로 밋밋하게 읽지 말고 강약을 반복하여 문장의 리듬감을 살려주세요. 그러자면 이 문장에서 Fortunately, one, good fairies, able, change, spell 등 의미의 핵심을 이루는 단어들은 강하게 읽어주고, 나머지 be 동사, 전치사, 관사와 같은 기능어들은 의식적으로 약하게 발음하세요.

3 Only the kiss of her true love would wake her up.

연음 문장 끝 부분의 wake her up을 읽을 때는 딱딱하게 단어 하나씩을 따로 발음하지 말고 마치 한 단어인양 이어서 [웨이커럽]처럼 발음해요. 이렇게 연음 발음을 하는 것이 처음에는 꽤나 쑥스럽지만 자꾸 의식적으로 하다보면 어느 샌가 문장 속의 단어들을 자연스럽게 이어서 발음하는 자신의 모습을 발견할 거예요.

Step 2 ***Listen & Repeat***
스크립트 보고, 오디오 들으며 큰 소리로 따라 말하기 (5회)

1 ☑ 2 ☐ 3 ☐ 4 ☐ 5 ☐

Step 3 ***Shadowspeak***
스크립트 없이, 오디오만 들으며 큰 소리로 따라 말하기 (7회)

1 ☑ 2 ☐ 3 ☐ 4 ☐ 5 ☐ 6 ☐ 7 ☐

Read Aloud
스크립트만 보고, 오디오 없이 큰 소리로 따라 말하기 (7회)

1 ☑ 2 ☐ 3 ☐ 4 ☐ 5 ☐ 6 ☐ 7 ☐

필요하면 오디오를 듣고, 정확한 발음을 확인한 후, 따라 말하기 연습을 하세요.

/ 끊어 읽기 　 억양 　 **볼드** 강세를 두어 읽는 부분 　 연음

A **king** and a **queen** / had a **baby** / and **named** her / **Aurora**.

Many **visitors came** to **see** the **baby**, / **including three good fairies**.

Their **names** were / **Merryweather**, / **Fauna** / and **Flora**.

Another visitor was a **king** / who **brought** his **son**, **Prince Philip**.

A **wicked fairy also visited** / and **cast** a **bad spell** / on the **baby**.

She **said** / that **Aurora** would **prick** her **finger** / on the **needle** of a **spinning wheel** / and **die**.

Fortunately, / **one** of the **good fairies** / was **able** to **change** the **spell**.

Aurora would **not die** / **but only fall asleep**.

Only the **kiss** of her **true love** / would **wake** her **up**.

On the **night** of her **16th birthday**, / **Aurora pricked** her **finger** / and **fell asleep**.

Prince Philip kissed her / and she **woke up**.

Wrap-Up. Speak
반복해서 따라 읽은 내용을 기억하여 말하기

A king and a queen had a baby and ____________________.

Many visitors came ____________________, including three good fairies.

Their names were Merryweather, ____________________.

____________________ was a king who brought his son, Prince Philip.

A wicked fairy also visited and ____________________ on the baby.

She said that Aurora would prick her finger ____________________ ____________________ and die.

Fortunately, one of the good fairies was able to ____________________ ____________.

Aurora would not die but ____________________.

Only ____________________ would wake her up.

On the night of her 16th birthday, Aurora ____________________ ____________ and fell asleep.

Prince Philip kissed her and she ____________________.

Jack and the Beanstalk

잭과 콩나무 (영국 동화)

day 61	starting time	y m d :
	finishing time	y m d :
	Total	min.

day 62	starting time	y m d :
	finishing time	y m d :
	Total	min.

MP3 031

Listen
오디오를 들으면서 끊어 읽어야 하는 부분에 슬래시(/) 표시를 하며 내용 이해하기

Jack and his mother were hungry.

❶They needed money to buy food, so they decided to sell their cow.

❷But Jack traded the cow for a handful of beans.

His mother was upset and threw them out the window.

They grew high into the sky.

Jack climbed up to the top and found a giant's castle.

❸The giant had a magic hen and golden harp, which Jack took.

He raced to the bottom of the beanstalk and cut it down with an ax.

The giant fell from the beanstalk and was killed.

The magic hen clucked and laid a golden egg.

Jack's mother took the golden egg and said happily, "Now we'll have something nice to eat."

beanstalk 콩 줄기, 콩 나무 | trade 교환하다 | a handful of 한 줌의 ~ | bean 콩 | upset 속상한, 당황한 | hen 암탉 *cf.* cock 수탉 | ax 도끼 | cluck (암탉이) 꼬꼬 울다 | lay an egg 알을 낳다

낭독 코치의 족집게 조언

1 They needed money to buy food,↘ so↗ they decided to sell their cow.

억양 이 문장은 '결과'의 의미를 나타내는 so의 앞뒤에 두 개의 큰 의미 덩어리가 결합된 문장이에요. 따라서 so의 발음을 그냥 밋밋하게 하지 말고 억양을 올려주면서 발음하세요. 그리고 so 앞에서는 억양을 조금 내리세요. 그러면 so의 억양을 높여주는 효과가 더욱 두드러지죠.

2 But Jack traded the cow for a handful of beans.

발음 handbook, handkerchief, handsome처럼 'hand- +자음'의 경우, hand의 d 발음은 보통 하지 않아요. 따라서 이 문장의 handful도 [핸드풀]이 아니라 [핸-풀]처럼 발음해요.

3 The giant had a magic hen / and golden harp, / which Jack took.

끊어 읽기 이 문장을 정확히 끊어 읽으려면 어느 정도 문법 지식이 필요해요. 여기서 which 이하의 관계대명사 절이 꾸며주는 것은 단지 바로 앞의 golden harp가 아니에요. 그러므로 golden harp와 which Jack took을 붙여서 읽지 않아요. 이때 which 절이 꾸며주는 것은 a magic hen and golden harp예요. 따라서 which 앞에서 잠시 끊어 읽기를 하세요.

Step 2 ***Listen & Repeat***
스크립트 보고, 오디오 들으며 큰 소리로 따라 말하기 (5회)

1 ☑ 2 ☐ 3 ☐ 4 ☐ 5 ☐

Step 3 ***Shadowspeak***
스크립트 없이, 오디오만 들으며 큰 소리로 따라 말하기 (7회)

1 ☑ 2 ☐ 3 ☐ 4 ☐ 5 ☐ 6 ☐ 7 ☐

Read Aloud

스크립트만 보고, 오디오 없이 큰 소리로 따라 말하기 (7회)

필요하면 오디오를 듣고, 정확한 발음을 확인한 후, 따라 말하기 연습을 하세요.

/ 끊어 읽기 ↗↘ 억양 **볼드** 강세를 두어 읽는 부분 ◡ 연음

Jack and his **mother** / were **hungry**.

They **needed money** to **buy food**,↘/ **so**↗ they **decided** to **sell** their **cow**.

But **Jack traded** the **cow** / for a **handful** of **beans**.

His **mother** was **upset** / and **threw** them **out** the **window**.

They **grew high** into the **sky**.

Jack climbed up to the **top** / and **found** a **giant's castle**.

The **giant had** a **magic hen** / and **golden harp**, / which **Jack took**.

He **raced** to the **bottom** of the **beanstalk** / and **cut** it **down** / with an **ax**.

The **giant fell** from the **beanstalk** / and was **killed**.

The **magic hen clucked** / and **laid** a **golden egg**.

Jack's mother took the **golden egg** / and **said happily**, / "**Now** / we'll have **something nice** to **eat**."

Wrap-Up. Speak
반복해서 따라 읽은 내용을 기억하여 말하기

Jack and his mother ______________________.

They needed money to buy food, so they decided ____________

______________.

But Jack ______________________ for a handful of beans.

His mother ______________________ and threw them out the window. They grew ______________________.

Jack ______________________ and found a giant's castle.

The giant had a magic hen and golden harp, ______________

______________________.

He ______________________ of the beanstalk and cut it down with an ax.

The giant ______________________ and was killed.

The magic hen clucked and ______________________.

Jack's mother took the golden egg and said happily, "Now we'll ______________________."

Snow White and the Seven Dwarfs

백설 공주와 일곱 난쟁이 (그림 형제 동화)

day 63	starting time	y m d :
	finishing time	y m d :
	Total	min.

day 64	starting time	y m d :
	finishing time	y m d :
	Total	min.

MP3 032

Listen
오디오를 들으면서 끊어 읽어야 하는 부분에 슬래시(/) 표시를 하며 내용 이해하기

[1]There was once a beautiful princess named Snow White.
She had an evil stepmother who thought she was more beautiful than anyone else.
But Snow White was more beautiful, so her stepmother tried to have her killed.
Luckily, Snow White escaped and lived in the forest with seven dwarfs.
They all lived happily, until the mirror told her stepmother that Snow White was still alive.
The wicked stepmother disguised herself as a peddler.

❷Then she went to the cottage while the seven dwarfs were at work.

❸She gave Snow White a poisoned red apple.

Snow White took a bite of the apple and fell into a deep sleep.

The dwarfs were very sad and built a glass coffin for her.

One day, a prince came by and saw her.

He bent down to give her a kiss.

Snow White woke up and they got married.

Voca Check

dwarf 난쟁이 | stepmother 계모 | have ~ killed 누구를 시켜 ~를 죽이다 | alive 살아 있는, 생존한 | disguise oneself as ~로 변장하다 | peddler 행상(인) | cottage 오두막집 | poisoned 독이 든 | take a bite of ~을 한 입 베어 먹다 | coffin (시체를 넣는) 관 | come by 지나가다 | bend down 몸을 구부리다

낭독 코치의 족집게 조언

1 There was once a beautiful↗ princess↘ named Snow White.↗

리듬·억양 이 문장을 유창하게 읽으려면 리듬과 억양을 동시에 살려주어야 해요. 그러기 위해서는 내용어(Content Word)들인 once, beautiful princess, Snow White를 강하게 발음해야 해요. 그와 동시에 beautiful을 특히 강하게 발음하면서 억양을 올렸다가 princess에서 억양을 내리고, 다시 문장 맨 끝의 Snow White에서 억양을 올려요.

2 Then she went to the cottage while the seven dwarfs were at work.

발음 cottage의 경우, 강세가 첫 음절인 o에 있으므로 그 다음에 위치한 tt 발음은 약하게 하여 [t]가 아니라 [d]처럼 발음해요. 그러니까 [카티지]가 아니라 [카디지]처럼 발음하는 것이죠. 그리고 dwarfs에서 맨 앞의 d는 묵음이 아니므로 발음은 해주되 강세가 있는 음절이 아니므로 아주 약하게 발음해요. 마치 [드우워프스]가 아니라 [우워프스]를 발음하는 기분으로 말이에요.

3 She gave Snow White a poisoned red apple.

발음 이 문장은 많은 사람들이 올바로 구분하지 못하고 말하는 [e]와 [æ]의 발음을 동시에 연습할 수 있는 좋은 기회에요. red와 apple을 각각 발음 기호로 표시하면 [red], [æpl]이에요. 이때 [e]는 입을 좌우로 가능한 넓게 벌리면서 짧게 우리말의 [에] 소리를 내는 것이고, [æ]는 혀끝을 아래 이빨 안쪽으로 내려서 민 상태를 유지하면서 우리말의 [애] 소리를 길게 된소리 음으로 내는 거예요. 하지만 이것은 어디까지 이론적인 구분이고 실제 정확한 발음은 오직 연습을 통해서만이 감으로 터득할 수 있어요. 실제로 한국이 아닌 영어권 국가에 가서 영어를 하다보면 여러분의 apple 발음을 제대로 이해하지 못하는 원어민들을 심심찮게 만날 거예요. 이런 황당한 경우를 피하려면 이번 기회에 확실히 [e]와 [æ]의 발음을 연습해두세요.

Step 2 **Listen & Repeat**
스크립트 보고, 오디오 들으며 큰 소리로 따라 말하기 (5회)

1 ☑ 2 ☐ 3 ☐ 4 ☐ 5 ☐

Step 3 **Shadowspeak**
스크립트 없이, 오디오만 들으며 큰 소리로 따라 말하기 (7회)

1 ☑ 2 ☐ 3 ☐ 4 ☐ 5 ☐ 6 ☐ 7 ☐

Read Aloud

스크립트만 보고, 오디오 없이 큰 소리로 따라 말하기 (7회)

1 2 3 4 5 6 7

필요하면 오디오를 듣고, 정확한 발음을 확인한 후, 따라 말하기 연습을 하세요.

/ 끊어 읽기 ↗↘ 억양 **볼드** 강세를 두어 읽는 부분 ‿ 연음

There was **once** a **beautiful** ↗ **princess** ↘ / named **Snow White**. ↗

She **had** an **evil stepmother** / who **thought** / she was **more beautiful** than **anyone else**.

But Snow White was **more beautiful**, / **so** her **stepmother tried** to **have** her **killed**.

Luckily, / **Snow White escaped** / and **lived** in the **forest** / with **seven dwarfs**.

They **all lived happily**, / until the **mirror told** her **stepmother** / that **Snow White** was **still alive**.

The **wicked stepmother** / **disguised** herself / **as** a **peddler**.

Then she **went** to the **cottage** / while the **seven dwarfs** were at **work**.

She **gave Snow White** / a **poisoned red apple**.

Snow White took a **bite** of the **apple** / and **fell** into a **deep sleep**. The **dwarfs** were **very sad** / and **built** a **glass coffin** for her.

One day, / a **prince came by** / and **saw** her.

He **bent down** / to give her a **kiss**.

Snow White woke up / and they **got married**.

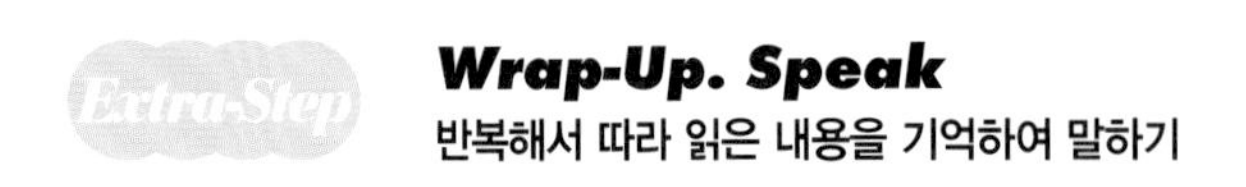

Wrap-Up. Speak

반복해서 따라 읽은 내용을 기억하여 말하기

There was once a beautiful princess ______________________.

She ______________________ who thought she was more beautiful than anyone else.

But Snow White was more beautiful, so her stepmother tried ______________________.

Luckily, Snow White escaped and ______________________ with seven dwarfs.

They all lived happily, until the mirror told her stepmother that ______________________.

The wicked stepmother ______________________ as a peddler.

Then she went to the cottage while the seven dwarfs ______________________.

She gave Snow White ______________________.

Snow White ______________________ and fell into a deep sleep.

The dwarfs were very sad and ______________________ for her.

One day ______________________ and saw her.

He ______________________ to give her a kiss.

Snow White ______________________ and they got married.

The Adventures of Pinocchio

피노키오의 모험 (이탈리아 동화)

day 65	starting time	y m d :
	finishing time	y m d :
	Total	min.

day 66	starting time	y m d :
	finishing time	y m d :
	Total	min.

65 day The Adventures of Pinocchio

MP3 033

Listen
오디오를 들으면서 끊어 읽어야 하는 부분에 슬래시(/) 표시를 하며 내용 이해하기

Long ago, there lived a lonely old carpenter named Geppetto.

He made a puppet out of some wood, a ball, and a string.

❶That night, a fairy visited and cast a spell that made the puppet walk and talk.

❷Geppetto named him Pinocchio.

Geppetto gave Pinocchio some money and sent him into town to buy schoolbooks.

Instead, Pinocchio spent the money on a circus ticket.

The fairy asked him what he did with the money and he lied to her.

❸Suddenly, his nose grew.

The fairy said, "Whenever you lie, your nose will get bigger. Now go find Geppetto. He's out looking for you by the sea."

Pinocchio was rowing a small boat in the sea and found Geppetto inside a whale.

Pinocchio made the whale sneeze and they escaped.

Relived, he promised to never lie again.

The fairy said, "Keep that promise and I will turn you into a real boy."

Voca Check

carpenter 목수 | make A out of B B를 가지고 A를 만들다 | puppet 꼭두각시 인형 | string 실, 끈 | cast a spell 마법을 걸다 | row a boat 노로 배를 젓다 | whale 고래 | sneeze 재채기를 하다 | keep one's promise 약속을 지키다

낭독 코치의 족집게 조언

1

That night, / a fairy visited / and cast a spell / that made the puppet walk and talk.

끊어 읽기 이 문장에서 접속사 that을 어떻게 끊어 읽는지를 보면 이 문장을 얼마나 이해하고 읽는지 짐작할 수 있어요. 여기서 that 절은 바로 앞의 a spell을 꾸며주고 있어요. 따라서 that 절을 한 번에 쭉 읽어 내려가기 전에 잠시 끊어 읽으세요.

2

Geppetto named him Pinocchio.

발음 Geppetto와 Pinocchio는 강세가 각각 두 번째 음절인 e와 o에 있어요. 따라서 맨 앞의 Ge-와 Pi-의 발음은 상대적으로 약하게 하여 [제]와 [피]가 아니라 [즈]와 [프]처럼 발음해요. 그래서 [즈페도]와 [프노끼오]처럼 발음하죠. 특히 Pinocchio의 경우, 우리가 워낙 우리말로 '피노키오'라고 말하는 데 익숙해 있어서 자칫 강세에 신경을 쓰지 않고 습관적으로 발음하기 쉬우므로 각별히 유의하세요. 한편 Geppetto에서 tto는 강세가 없는 음절이므로 [t]가 아니라 [d]처럼 약하게 하여 [즈페도]처럼 발음한답니다.

3

Suddenly,↗ his nose↘ grew.↗

억양 비록 짧은 문장이지만 억양을 잘 조절해 발음하세요. Suddenly에서 억양을 조금만 올렸다가 his nose에서 억양을 내리고, 다시 grew에서 억양을 확 올려서 발음하세요.

Step 2

Listen & Repeat

스크립트 보고, 오디오 들으며 큰 소리로 따라 말하기 (5회)

1 ☑ 2 ☐ 3 ☐ 4 ☐ 5 ☐

Step 3

Shadowspeak

스크립트 없이, 오디오만 들으며 큰 소리로 따라 말하기 (7회)

1 ☑ 2 ☐ 3 ☐ 4 ☐ 5 ☐ 6 ☐ 7 ☐

Read Aloud

스크립트만 보고, 오디오 없이 큰 소리로 따라 말하기 (7회)

1 ☑ 2 ☐ 3 ☐ 4 ☐ 5 ☐ 6 ☐ 7 ☐

필요하면 오디오를 듣고, 정확한 발음을 확인한 후, 따라 말하기 연습을 하세요.

/ 끊어 읽기　↗↘ 억양　**볼드** 강세를 두어 읽는 부분　◡ 연음

Long ago, / **there lived** a **lonely old carpenter** / named **Geppetto**. He **made** a **puppet** / out of **some wood**, / a **ball**, / and a **string**.

That night, / a **fairy visited** / and **cast** a **spell** / **that made** the **puppet walk** and **talk**.

Geppetto named him **Pinocchio**.

Geppetto gave Pinocchio some **money** / and **sent** him into **town** / to **buy schoolbooks**.

Instead, / **Pinocchio spent** the **money** / on a **circus ticket**.

The **fairy asked** him / **what** he **did** with the **money** / and he **lied** to her. **Suddenly**,↗ / his **nose**↘ **grew**.↗

The **fairy said**, / "**Whenever** you **lie**, / your **nose** will **get bigger**. Now **go find Geppetto**. He's **out looking** for **you** / by the **sea**."

Pinocchio was **rowing** a **small boat** in the **sea** / and **found Geppetto inside** a **whale**.

Pinocchio made the **whale sneeze** / and they **escaped**.

Relieved, / he **promised** to **never lie** again.

The fairy said, / "**Keep that promise** / and **I will turn** you / into a **real boy**."

Wrap-Up. Speak

반복해서 따라 읽은 내용을 기억하여 말하기

Long ago, ... a lonely old carpenter named Geppetto.

He made a puppet ...., a ball, and a string.

That night, a fairy visited and .... that made the puppet walk and talk.

Geppetto ....

Geppetto gave Pinocchio some money and .... to buy schoolbooks.

Instead, Pinocchio spent the money ....

The fairy asked him .... and he lied to her.

Suddenly, ...

The fairy said, "..............................., your nose will get bigger. Now go find Geppetto. .... looking for you by the sea."

Pinocchio was .... in the sea and found Geppetto inside a whale.

Pinocchio .... and they escaped.

Relived, he promised ....

The fairy said, ".............................. and I will turn you into a real boy."

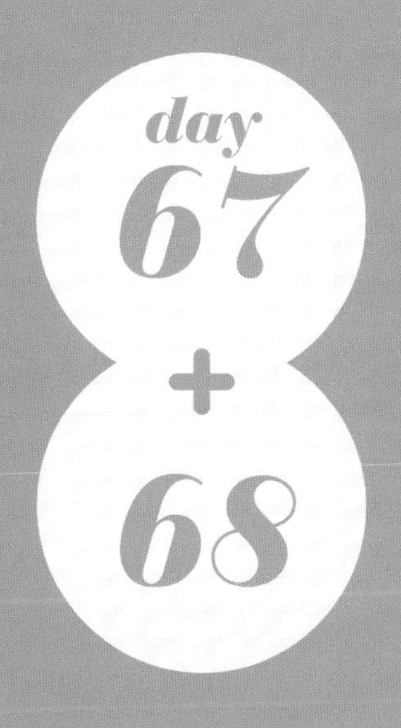

Cinderella

신데렐라 (프랑스 동화)

day 67	starting time	y m d :
	finishing time	y m d :
	Total	min.

day 68	starting time	y m d :
	finishing time	y m d :
	Total	min.

Cinderella

MP3 034

Listen
오디오를 들으면서 끊어 읽어야 하는 부분에 슬래시(/) 표시를 하며 내용 이해하기

Once there was a beautiful, gentle girl.
She had an evil stepmother and two mean stepsisters.
They made her do all the chores around the house. She was named Cinderella, after the cinders she swept out of the fireplace.
One day, the king threw a huge ball to find a wife for his son, the prince. Cinderella's stepmother would not allow her to go.
Cinderella's fairy godmother appeared and magically gave

her everything she needed to go to the ball.

But the magic would end at midnight, when Cinderella had to be home.

At the ball the prince fell in love with Cinderella and asked her name.

Just then the clock struck midnight.

❶She ran away before the magic disappeared.

In such a hurry she lost one of her glass slippers on her way home.

The prince went to every home in the kingdom to find his true love.

❷He had every young girl try on the slipper to see if it fit. ❸The evil stepsisters couldn't fit into the slipper, but Cinderella could.

The prince married her and they lived happily ever after.

Voca Check

mean 고약한, 심술궂은 | stepmother 계모 | stepsister 이복 자매 | chores 잡일, 허드렛일 | cinder 탄 재 | sweep 청소하다 | fireplace (벽)난로 | throw a ball 무도회를 열다 | magically 마법을 부려 | at midnight 자정에 | try on ~을 입어[신어]보다 | fit 꼭 맞다 (fit-fit 또는 fitted-fitted)

낭독 코치의 족집게 조언

1 She ran away before the magic disappeared.

연음·강세 -n, -s, -r로 끝나는 단어 다음에 두 번째 음절에 강세가 있는 전치사들 즉, about, along, away가 올 경우는 전형적으로 연음 발음을 해요. ran away를 자연스럽게 이어서 [너-웨이]처럼 발음하죠. 한편, before나 disappeared는 각각 두 번째와 세 번째 음절인 o와 ea에 강세가 있어요. 이때 주의를 기울일 것은 강세가 없는 앞의 음절들은 거의 들리지 않을 정도로 아주 약하게 발음된다는 사실이에요. 따라서 그냥 [비포-]와 [디써피어드]라고 발음하지 말고, 강세가 없는 앞 음절들을 아주 약하게 하여 마치 [포-]나 [피어드]처럼 말하는 기분으로 발음하세요.

2 He had every young girl / try on the slipper / to see if it fit.

끊어 읽기 이 문장에서 had는 그냥 '갖고 있다'라는 뜻의 동사나 완료 시제를 만들 때 사용하는 조동사가 아니에요. 여기서의 의미는 그 다음에 '목적어(every young girl) + 원형 동사(try on)'의 형태를 취해 '누가 무엇을 하게 시키다'라는 뜻이에요. 따라서 읽을 때 이러한 had의 의미를 정확히 전달하려면 try 앞에서 잠깐 끊어 읽으세요.

3 The evil stepsisters couldn't fit into the slipper, but Cinderella could.

억양·강세 문장 중 could는 보통 강하게 읽는 단어가 아니에요. could 보다는 그 다음에 오는 의미 전달 동사가 더 중요하기 때문이죠. 하지만 이 문장에서처럼 앞부분에서 부정형 couldn't가 사용되고, 다음에 could가 사용되는 경우는 흔히 강하게 발음해요. 왜냐하면 여기서 could는 생략된 동사의 의미까지 모두 포함하고 있기 때문이에요. 즉, could fit into the slipper를 줄인 거예요. 따라서 이러한 경우의 could는 억양을 올려주는 동시에 강하게 발음한답니다.

Step 2 **Listen & Repeat**
스크립트 보고, 오디오 들으며 큰 소리로 따라 말하기 (5회)

1 ☑ 2 ☐ 3 ☐ 4 ☐ 5 ☐

Step 3 **Shadowspeak**
스크립트 없이, 오디오만 들으며 큰 소리로 따라 말하기 (7회)

1 ☑ 2 ☐ 3 ☐ 4 ☐ 5 ☐ 6 ☐ 7 ☐

Read Aloud
스크립트만 보고, 오디오 없이 큰 소리로 따라 말하기 (7회)

1 2 3 4 5 6 7

필요하면 오디오를 듣고, 정확한 발음을 확인한 후, 따라 말하기 연습을 하세요.

/ 끊어 읽기 ↗↘ 억양 **볼드** 강세를 두어 읽는 부분 ‿ 연음

Once / there was a **beautiful, gentle girl**.

She **had** an **evil stepmother** / and **two mean stepsisters**.

They **made** her do / **all** the **chores** around the **house**.

She was **named Cinderella**, / after the **cinders** / she **swept out** of the **fireplace**.

One day, / the **king threw** a **huge ball** / to **find** a **wife** for his **son**, / the **prince**.

Cinderella's stepmother / would **not allow** her to **go**.

Cinderella's fairy godmother appeared / and **magically gave** her / **everything** she **needed** to **go** to the **ball**.

But the **magic** would **end** at **midnight**, / **when Cinderella had** to be **home**.

At the **ball**, / the **prince fell** in **love** with **Cinderella** / and **asked** her **name**.

Just then↘/ the **clock struck midnight**.

She **ran away** / before the **magic disappeared**.

In **such** a **hurry** / she **lost one** of her **glass slippers** / on her way home.

The **prince went** to **every home** in the **kingdom** / to **find** his **true love**.

He **had every young girl** / **try on** the **slipper** / to **see** if it **fit**.

The **evil stepsisters couldn't fit** into the **slipper**, / but **Cinderella could**.

The **prince married** her / and they **lived happily** / **ever after**.

Extra-Step

Wrap-Up. Speak

반복해서 Extra-Step 따라 읽은 내용을 기억하여 말하기

Once there was ______________.

She had an evil stepmother and ______________.

They made her ______________ around the house.

She was named Cinderella, ______________ she swept out of the fireplace.

One day, the king ______________ to find a wife for his son, the prince.

Cinderella's stepmother would not ______________.

Cinderella's fairy godmother appeared and magically gave her ______________ to go to the ball.

But the magic would ______________, when Cinderella had to be home.

At the ball the prince ______________ Cinderella and asked her name.

Just then the clock ______________.

She ran away before ______________.

______________ she lost one of her glass slippers

on her way home.

The prince went to every home in the kingdom ....

....

He had every young girl try on the slipper ....

....

The evil stepsisters couldn't ...., but Cinderella could.

The prince married her and they ....

Hansel and Gretel

헨젤과 그레텔 (그림 형제 동화)

day 69	starting time	y m d :
	finishing time	y m d :
	Total	min.

day 70	starting time	y m d :
	finishing time	y m d :
	Total	min.

Hansel and Gretel

MP3 035

Listen

오디오를 들으면서 끊어 읽어야 하는 부분에 슬래시(/) 표시를 하며 내용 이해하기

❶Hansel and Gretel were the children of a poor woodcutter.
❷Their family was very hungry so the stepmother convinced her husband to abandon the children in the forest.
Hansel and Gretel heard her plan and gathered white pebbles to leave themselves a trail home.
After their return, the stepmother again convinced her husband to abandon them.
This time, however, they could only leave bread crumbs to mark a path back to their home.
Unfortunately, the various animals of the woods ate their trail of bread crumbs.

③Lost in the forest, they found a house made of candies. An old woman lived there. She was a witch and fed them lots of food, to fatten them up and eat them.
Days passed by, and Hansel grew very fat, as she wished.
She told Gretel to climb into an oven to be sure it is ready to bake.
But Gretel guessed that the witch intended to bake her.
So she tricked the witch into climbing into the oven, closing it behind her.
Then, they took some jewels and food and ran home.
They were reunited with their father and lived happily ever after.

Voca Check

woodcutter 나무꾼 | convince 납득시키다, 설득하다 | abandon 버리다 | pebble 조약돌 | leave a trail 지나간 흔적을 남기다 | bread crumbs 빵부스러기 | mark a path 길을 표시해두다 | witch 마녀 | feed 먹을 것을 주다 (fed-fed) | fatten up 통통하게 살을 찌우다 | trick 속임수를 쓰다, 속이다 | jewel 보석 | be reunited with ~와 다시 만나다

낭독 코치의 족집게 조언

1 Hansel and Gretel were the children of a poor woodcutter.

연음·발음 전치사 of 다음에 부정관사 a나 an이 오는 경우에는 대개 연음 발음을 해요. 이 문장에서 of a의 경우도 [어브 어]라고 발음하지 않고 자연스럽게 이어서 한 단어처럼 [어버]로 발음하죠. 한편, poor와 wood를 그냥 [푸어]와 [우-드]라고 발음하는 사람들이 많은데, 이것은 정확한 발음이 아니에요. 원어민들이 발음하는 것을 자세히 들어보면 오히려 [포-어]와 [우워드]에 가깝게 들려요. 그런데 이런 발음들은 우리말에 이런 발음들이 존재하지 않기 때문에 우리말로 정확히 표기가 안 돼요. 따라서 여러분이 스케이트를 처음 배울 때와 마찬가지로 원어민의 발음을 듣고 수없이 따라 하면서 스스로 감을 익히는 수밖에 없어요.

2 Their family was very hungry / so the stepmother convinced her husband / to abandon the children in the forest.

끊어 읽기 두 개의 큰 의미 덩어리들을 '결과'의 의미로 연결해주는 so, 그리고 짧지 않은 길이의 부정사를 이끌고 있는 전치사 to가 문장 중간에 보이면 그 앞에서 잠시 끊어 읽기를 해요.

3 Lost in the forest, they found a house made of candies.

리듬 이 문장에서 내용의 핵심을 이루는 단어들은 lost, forest, found, house, candies 예요. 따라서 이 단어들은 강하게 읽어요. 그러면 리듬감이 자연스레 생겨날 뿐 아니라, '숲에서 길을 잃었는데 사탕으로 된 집을 발견했다'라는 문장의 의미 역시 대부분 전달이 되죠.

Step 2 ***Listen & Repeat***
스크립트 보고, 오디오 들으며 큰 소리로 따라 말하기 (5회)

1 ☑ 2 ☐ 3 ☐ 4 ☐ 5 ☐

Step 3 ***Shadowspeak***
스크립트 없이, 오디오만 들으며 큰 소리로 따라 말하기 (7회)

1 ☑ 2 ☐ 3 ☐ 4 ☐ 5 ☐ 6 ☐ 7 ☐

Read Aloud
스크립트만 보고, 오디오 없이 큰 소리로 따라 말하기 (7회)

1☑ 2☐ 3☐ 4☐ 5☐ 6☐ 7☐

필요하면 오디오를 듣고, 정확한 발음을 확인한 후, 따라 말하기 연습을 하세요.

/ 끊어 읽기 　 억양 　 **볼드** 강세를 두어 읽는 부분 　 연음

Hansel and **Gretel** / were the **children** of a **poor woodcutter**.

Their **family** was **very hungry** / so the **stepmother convinced** her **husband** / to **abandon** the **children** in the **forest**.

Hansel and **Gretel** / **heard** her **plan** / and **gathered white pebbles** / to **leave** themselves a **trail home**.

After their **return**, / the **stepmother again convinced** her **husband** / to **abandon** them.

This time, **however**, / they could **only leave bread crumbs** / to **mark** a **path** / **back** to their **home**.

Unfortunately, / the **various animals** of the **woods** / **ate** their **trail** of **bread crumbs**.

Lost in the **forest**, / they **found** a **house** / made of **candies**.

An **old woman lived** there.

She was a **witch** / and **fed** them **lots** of **food** / to **fatten** them **up** / and **eat** them.

Days passed by, / and **Hansel grew very fat**, / as she **wished**.

She **told Gretel** to **climb** into an **oven** / to be **sure** it is **ready** to **bake**.

But **Gretel guessed** / that the **witch intended** to **bake** her.

So / she **tricked** the **witch** / into **climbing** into the **oven**, / **closing** it **behind** her.

Then, / they **took** some **jewels** and **food** / and **ran home**.

They were **reunited** with their **father** / and **lived happily** / **ever after**.

Extra-Step

Wrap-Up. Speak

반복해서 Extra-Step 따라 읽은 내용을 기억하여 말하기

Hansel and Gretel were the children of ____________.

Their family was very hungry so the stepmother convinced her husband ____________.

Hansel and Gretel heard her plan and ____________ to leave themselves a trail home.

____________, the stepmother again convinced her husband to abandon them.

This time, however, they could only leave bread crumbs to ____________.

Unfortunately, the various animals of the woods ate ____________.

____________, they found a house made of candies.

____________ lived there. She was a witch and fed them lots of food to ____________ and eat them.

____________, and Hansel grew very fat, as she wished. She told Gretel to climb into an oven to be sure ____________. But Gretel guessed that the witch

______________________. So she ______________________

into climbing into the oven, closing it behind her.

Then, they ______________________ and food and ran home.

They were ______________________ and lived happily ever after.

Chapter 03

NOVEL Telling

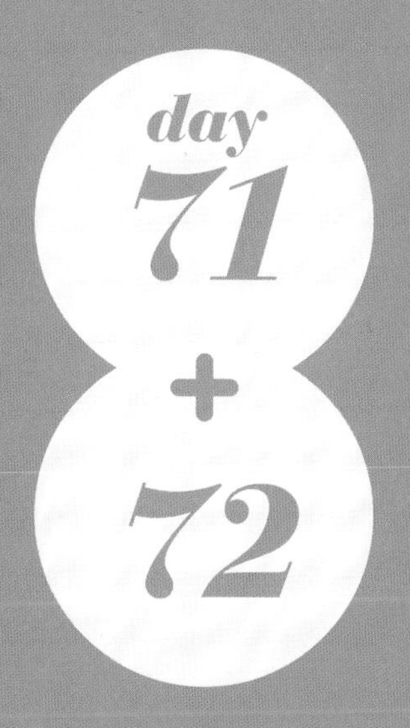

Anne of Green Gables

빨강 머리 앤(루시 몽고메리 지음)

day 71	starting time	y m d :
	finishing time	y m d :
	Total	min.

day 72	starting time	y m d :
	finishing time	y m d :
	Total	min.

71 day Anne of Green Gables

MP3 036

Listen

오디오를 들으면서 끊어 읽어야 하는 부분에 슬래시(/) 표시를 하며 내용 이해하기

Elderly Matthew and Marilla were unmarried siblings.

They lived on their farm, Green Gables, in Prince Edward Island, Canada.

They decided to adopt an orphan boy to help with farm chores.

The orphanage sent them an eleven-year-old girl, Anne Shirley, by mistake.

❶She was talkative and happy but didn't have very good manners.

Anne's best friend, Diana, got sick one day because Anne accidentally gave her some wine.

Hoping to make Matthew and Marilla proud, Anne studied hard in school.

As a result, she could go to high school and then university as a scholarship student.

But Matthew died of a heart attack and Marilla was going

blind.

So Anne returned home to Green Gables, giving up her desire for a four-year university degree.

❷Hearing of her decision, Anne's childhood rival Gilbert gave up his post as the teacher at Avonlea school.

So Anne could teach there and cared for Marilla.

❸Though her future path was narrowed, Anne thought cheerfully about her future.

Voca Check

elderly 나이가 지긋한, 연로한 | sibling 형제, 자매 | adopt 입양하다 | chores 잡일, 허드렛일 | orphanage 고아원 *cf.* orphan 고아 | talkative 수다스러운 | have good manners 예의 바르다 | accidentally 우연히, 잘못하여 | heart attack 심장마비 | childhood rival 어릴 시절 경쟁자 | future path 장래 진로 | cheerfully 쾌활하게

낭독 코치의 족집게 조언

1 **She was talkative and happy but didn't have very good manners.**

발음 원어민들이 문장 속에서 didn't를 발음하는 것을 잘 들어보면 [디든트]라고 끝의 t 발음이 들리게 말하는 경우는 아주 드물어요. 그것보다는 [디든] 또는 더 줄여서 [딘-]에 가깝게 발음을 하죠. 우리가 리스닝을 할 때 didn't와 같은 쉬운 단어가 잘 안 들리는 이유도 바로 이 때문이에요.

2 **Hearing of her decision, / Anne's childhood rival Gilbert / gave up his post as the teacher / at Avonlea school.**

끊어 읽기 영어로 글을 쓸 때는 읽는 사람의 이해를 돕기 위해 콤마(,)나 콜론(:) 또는 세미콜론(;)과 같은 구두점을 적절히 사용해요. 하지만 말을 할 때는 적절한 끊어 읽기를 통해 듣는 사람의 이해를 돕죠. 이때 끊어 읽기를 하는 기준은 '의미 덩어리'(Meaning Chunk)에요. 이 문장의 경우도 의미 덩어리들 앞뒤에서 짧게 끊어 읽기를 해주면 훨씬 효과적으로 의미를 전달할 수 있죠.

3 **Though her future path was narrowed, Anne thought cheerfully about her future.**

발음 이 문장은 th의 두 가지 발음, 즉 드[ð]와 스[θ]를 구분해서 연습할 수 있는 좋은 문장이에요. 먼저 Though에서 th는 유성음으로 드[ð]에 가깝게 발음해요. 여기서 유성음이란 발음을 할 때 목젖이 진동한다는 말이에요. 반면 path와 thought에서의 th는 무성음으로 스/쓰[θ]에 가깝게 발음되죠. 물론 이때 [ð]는 [s]와는 달라요. 스/쓰[θ] 발음은 혀를 윗니와 아랫니 사이로 중간 부분까지 살짝 물면서 빼냈다가 안쪽으로 들이밀면서 내는 소리예요. 따라서 path를 발음할 때 혀를 이빨 사이에 살짝 대주지 않으면 자칫 pass처럼 들릴 수도 있어요.

Step 2 ***Listen & Repeat***
스크립트 보고, 오디오 들으며 큰 소리로 따라 말하기 (5회)

1 ☑ 2 ☐ 3 ☐ 4 ☐ 5 ☐

Step 3 ***Shadowspeak***
스크립트 없이, 오디오만 들으며 큰 소리로 따라 말하기 (7회)

1 ☑ 2 ☐ 3 ☐ 4 ☐ 5 ☐ 6 ☐ 7 ☐

Read Aloud
스크립트만 보고, 오디오 없이 큰 소리로 따라 말하기 (7회)

1 ✓ 2 ☐ 3 ☐ 4 ☐ 5 ☐ 6 ☐ 7 ☐

필요하면 오디오를 듣고, 정확한 발음을 확인한 후, 따라 말하기 연습을 하세요.

/ 끊어 읽기 ↗↘ 억양 **볼드** 강세를 두어 읽는 부분 ◡ 연음

Elderly Matthew and **Marilla** / were **unmarried siblings**.

They **lived** on their **farm**, **Green Gables**, / in **Prince Edward Island, Canada**.

They **decided** to **adopt** an **orphan boy** / to **help** with **farm chores**.

The **orphanage sent** them an **eleven-year-old girl**, **Anne Shirley**, / by **mistake**.

She was **talkative** and **happy** / but **didn't** have **very good manners**.

Anne's best friend, **Diana**, / got **sick** one day / because **Anne accidentally gave** her some **wine**.

Hoping to **make Matthew** and **Marilla proud**, / **Anne studied hard** in **school**.

As a **result**, / she could **go** to **high school** / and then **university** / as a **scholarship student**.

But **Matthew died** of a **heart** attack / and **Marilla** was going **blind**.

So **Anne returned home** to **Green Gables**, / **giving up** her **desire** / for a **four-year university degree**.
Hearing of her **decision**, / **Anne's childhood rival Gilbert** / gave **up** his **post** as the **teacher** / at **Avonlea school**.
So **Anne** could **teach there** / and **cared** for **Marilla**.
Though her **future path** was **narrowed**, / **Anne thought cheerfully** / about her **future**.

Extra-Step

Wrap-Up. Speak

반복해서 따라 읽은 내용을 기억하여 말하기

Elderly Matthew and Marilla were ______________.

They lived ______________, in Prince Edward Island, Canada.

They decided ______________ to help with farm chores.

The orphanage sent them an eleven-year-old girl, Anne Shirley, ______________.

She was ______________ but didn't have very good manners.

Anne's best friend, Diana, got sick one day because Anne ______________.

Hoping to ______________, Anne studied hard in school.

As a result, she could go to high school and then university ______________.

But Matthew died of a heart attack and Marilla was ______________.

So Anne returned home to Green Gables, ______________

.... for a four-year university degree.

Hearing of her decision, Anne's childhood rival Gilbert

.... at Avonlea school.

So Anne could teach there and ....

Though ....,

Anne thought cheerfully about her future.

Moby Dick

모비 딕 (허먼 멜빌 지음)

day 73	starting time	y m d :
	finishing time	y m d :
	Total	min.

day 74	starting time	y m d :
	finishing time	y m d :
	Total	min.

MP3 037

Listen

오디오를 들으면서 끊어 읽어야 하는 부분에 슬래시(/) 표시를 하며 내용 이해하기

The story begins with Ishmael heading out to find a whaling ship to join.

On his way, he met a harpooning savage named Queequeg.

The two became quick friends.

They decided to sail on the ship Pequod.

❶The ship's captain, Ahab, wished to hunt for the white whale called Moby Dick.

The whale bit off Ahab's leg, so Ahab wanted revenge.

Many exciting stories were told of Moby Dick.

❷Many interesting stories of whaling and whales were also told.

The Pequod sailed over many seas, looking for Moby Dick.

They finally found Moby Dick.

Ahab was intent on killing the whale.

The hunt began, and it lasted for three days.

❸Eventually, the ship was sunk by the whale and the entire crew was killed, except for one.

Only Ishmael survived, to be picked up by another vessel.

Only he was left to tell the tale.

Voca Check

head out 향하다 | harpoon n. 작살 v. 작살로 잡다 | savage 야만인, 미개인 | bite 물다, 물어뜯다 (bit-bitten) | revenge 복수 | whaling 고래잡이 *cf.* whale 고래 | be intent on ~에 몰두하다, ~에 사로잡히다 | sink 가라앉히다, 침몰시키다 (sank-sunk) | crew 선원, 탑승원 | vessel 배 | tell a tale 이야기를 하다

낭독 코치의 족집게 조언

1 The ship's captain, Ahab, wished to hunt for the white whale called Moby Dick.

발음 특히 미국식 영어에서는 wh-로 시작하는 단어들의 경우 h 발음을 하지 않는 경우가 많아요. 예컨대 이 문장의 white나 whale의 경우도 [화잇], [훼일] 보다는 [와잇]과 [웨일]에 가깝게 발음하죠. 원어민의 발음을 주의 깊게 듣고 잘 따라해 보세요

2 Many interesting stories of whaling and whales were also told.

리듬 강약을 반복하며 문장을 읽게 되면 자연스레 영어의 리듬감이 생기게 되죠. 이때 강하게 발음하는 단어들은 대개 의미의 핵심을 이루는 단어들이에요. 예컨대 이 문장에서도 같은 형용사라도 many 보다는 interesting을, 그리고 같은 동사라도 were 보다는 told를 상대적으로 강하게 발음해주는 이유는 interesting과 told가 의미 전달에 보다 중요한 단어들이기 때문이에요.

3 Eventually, / the ship was sunk by the whale / and the entire crew was killed, / except for one.

끊어 읽기 끊어 읽기는 영어 유창성 평가를 할 때도 중요한 채점 기준이에요. 왜냐하면 끊어 읽기를 잘 한다는 것은 그만큼 텍스트를 잘 이해하고 말한다는 것을 의미하기 때문이에요. 여기서도 맨 앞의 문장 부사 Eventually 다음의 콤마에서 일단 잠시 끊어 읽기를 한 후, 두 개의 큰 의미 덩어리를 연결하고 있는 and 앞에서 또 끊어 읽고, 마지막으로 문장 끝부분의 except for one 앞에서 끊어 읽기를 해요.

Step 2 ***Listen & Repeat***

스크립트 보고, 오디오 들으며 큰 소리로 따라 말하기 (5회)

1 ☑ 2 ☐ 3 ☐ 4 ☐ 5 ☐

Step 3 ***Shadowspeak***

스크립트 없이, 오디오만 들으며 큰 소리로 따라 말하기 (7회)

1 ☑ 2 ☐ 3 ☐ 4 ☐ 5 ☐ 6 ☐ 7 ☐

Read Aloud
스크립트만 보고, 오디오 없이 큰 소리로 따라 말하기 (7회)

1 ☑ 2 ☐ 3 ☐ 4 ☐ 5 ☐ 6 ☐ 7 ☐

필요하면 오디오를 듣고, 정확한 발음을 확인한 후, 따라 말하기 연습을 하세요.

/ 끊어 읽기 억양 **볼드** 강세를 두어 읽는 부분 연음

The **story begins** with **Ishmael** / **heading out** to **find** a **whaling ship** to **join**.
On his **way**, / he **met** a **harpooning savage** / named **Queequeg**. The **two** became **quick friends**.
They **decided** to **sail** on the **ship** / **Pequod**.
The **ship's captain**, **Ahab**, / **wished** to **hunt** for the **white whale** / called **Moby Dick**.
The **whale bit** off **Ahab's leg**, / so **Ahab wanted revenge**.
Many **exciting stories** were **told** / of **Moby Dick**.
Many **interesting stories** of **whaling** and **whales** / were **also told**.
The **Pequod sailed** over many **seas**, /**looking** for **Moby Dick**.
They **finally found Moby Dick**.
Ahab was **intent** / on **killing** the **whale**.
The **hunt began**, / and it **lasted** for **three days**.
Eventually, / the **ship** was **sunk** by the **whale** / and the **entire crew** was **killed**, / **except** for **one**.
Only Ishmael survived, / to be **picked up** by another **vessel**.
Only he was **left** / to **tell** the **tale**.

Wrap-Up. Speak
반복해서 따라 읽은 내용을 기억하여 말하기

The story begins with Ishmael heading out to ______ . On his way, he met a ______ named Queequeg. The two ______ .

They decided ______ Pequod.

The ship's captain, Ahab, wished ______ called Moby Dick.

The whale bit off Ahab's leg, so Ahab ______ .

Many exciting stories were told ______ .

Many interesting stories of ______ were also told.

The Pequod ______ , looking for Moby Dick.

They ______ found Moby Dick.

Ahab ______ killing the whale.

The hunt began, and it ______ .

Eventually, the ship was sunk by the whale and ______ , except for one.

Only Ishmael survived, ______ by another vessel.

Only he was left ______ .

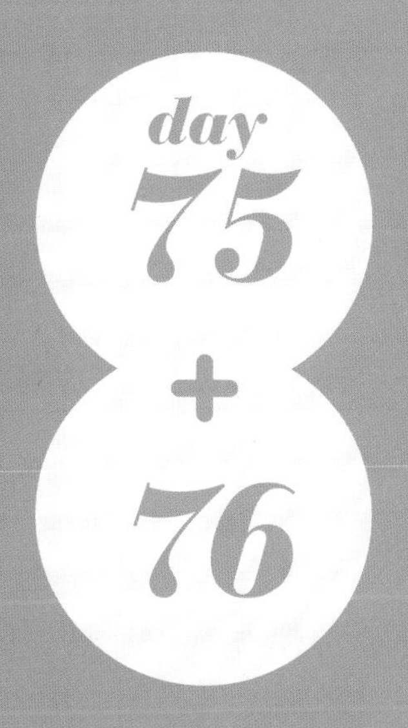

A Farewell to Arms

무기여 잘 있거라 (어니스트 헤밍웨이 지음)

day 75	starting time	y m d :
	finishing time	y m d :
	Total	min.

day 76	starting time	y m d :
	finishing time	y m d :
	Total	min.

A Farewell to Arms

MP3 038

Listen
오디오를 들으면서 끊어 읽어야 하는 부분에 슬래시(/) 표시를 하며 내용 이해하기

[1] Frederic Henry was an American ambulance driver serving in the Italian army during World War I. He met Catherine Barkley, an English nurse's aide. Henry was wounded in battle and brought to a hospital in Milan to recover. Catherine joined him there, to help him get better. They soon passionately fell in love, and Catherine became pregnant.

❷Henry was again sent to the front lines of battle.

His troops were forced to retreat, and Henry was almost killed.

He escaped from his unit and returned to Milan, looking for Catherine.

He reunited with her in the town of Stresa in Italy.

From there, they once again escaped to Switzerland where they could live happily and peacefully.

❸Early one morning in the spring, Catherine went to the hospital to give birth.

She delivered a stillborn baby boy and, later that night, died of a hemorrhage.

Henry stayed at her side until she was gone.

He walked back to his hotel in the rain.

Voca Check

wound 상처를 입히다 (wounded-wounded) | recover 회복하다(= get better) | passionately 정열적으로, 열렬히 | pregnant 임신한 | front lines of battle (전쟁의) 최전선 | troops 군대, 병력 | retreat 후퇴하다(= withdraw) | reunite 다시 만나다, 재회하다 | deliver a baby boy 남자 아기를 출산하다 | stillborn baby 뱃 속에서 죽은 아이 | hemorrhage 출혈

낭독 코치의 족집게 조언

1 Frederic Henry was an American ambulance driver / serving in the Italian army / during World War I.

끊어 읽기 이 문장은 세 개의 의미 덩어리를 통해 Frederic Henry라는 사람이 누구이고, 무엇을 그리고 언제 하고 있는지를 나타내고 있어요. 따라서 각 의미 덩어리 사이에서 잠시 끊어 읽도록 하세요.

2 Henry was again sent to the front lines of battle.

연음·발음 again은 둘째 음절에 강세가 있으므로 맨 앞의 a는 아주 약하게 발음해요. 이런 경우 바로 앞에 -s, -r 또는 -n으로 끝나는 단어가 오게 되면 연음 현상이 일어나죠. 즉, s, r, n과 again의 약하게 발음되는 a를 마치 한 단어처럼 이어서 발음해요. 따라서 was again도 [워즈 어겐]이 아니라 [워저-겐]처럼 발음하는 거예요. 한편, sent to의 경우, t가 겹치므로 한 번만 발음을 해주어 [쎈트 투]가 아니라 [쎈-투]처럼 발음해요.

3 Early one morning in the spring, ↘ Catherine went to the hospital → to give birth. ↗

억양 영어의 리듬은 발음의 강약을 통해서도 나타나지만 또한 억양의 높낮이 조절을 통해서도 이루어져요. 이 문장의 경우도 그냥 일률적인 톤으로 읽지 말고 첫 번째 의미 덩어리가 끝나는 콤마(,)에서 억양을 좀 낮췄다가, 두 번째 의미 덩어리에서는 정상 억양으로 읽고, 그리고 마지막 세 번째 의미 덩어리에서 다시 억양을 올려주는 식으로 읽으면 리듬감이 생기죠.

Step 2 ***Listen & Repeat***
스크립트 보고, 오디오 들으며 큰 소리로 따라 말하기 (5회)

1 ☑ 2 ☐ 3 ☐ 4 ☐ 5 ☐

Step 3 ***Shadowspeak***
스크립트 없이, 오디오만 들으며 큰 소리로 따라 말하기 (7회)

1 ☑ 2 ☐ 3 ☐ 4 ☐ 5 ☐ 6 ☐ 7 ☐

Read Aloud
스크립트만 보고, 오디오 없이 큰 소리로 따라 말하기 (7회)

1 ☑ 2 ☐ 3 ☐ 4 ☐ 5 ☐ 6 ☐ 7 ☐

필요하면 오디오를 듣고, 정확한 발음을 확인한 후, 따라 말하기 연습을 하세요.

/ 끊어 읽기　　↗↘ 억양　　**볼드** 강세를 두어 읽는 부분　　◡ 연음

Frederic Henry was an **American ambulance driver** / **serving** in the **Italian army** / during **World War I**.

He **met Catherine Barkley**, / an **English nurse's aide**.

Henry was **wounded** in **battle** / and **brought** to a **hospital** in **Milan** / to **recover**.

Catherine joined him there, / to **help** him **get better**.

They **soon passionately fell** in **love**, / and **Catherine** became **pregnant**.

Henry was **again sent** to the **front lines** of **battle**.

His **troops** were **forced** to **retreat**, / and **Henry** was **almost killed**.

He **escaped** from his **unit** / and **returned** to **Milan**, / **looking** for **Catherine**.

He **reunited** with her / in the **town** of **Stresa** in **Italy**.

From **there**, / they once **again escaped** to **Switzerland** / **where** they could **live happily** and **peacefully**.

Early one **morning** in the **spring**,↘/ **Catherine went** to the

hospital to **give birth**.

She **delivered** a **stillborn baby boy** / and, later **that night**, / **died** of a **hemorrhage**.

Henry stayed at her **side** / **until** she was **gone**.

He **walked back** to his **hotel** / in the **rain**.

Extra-Step

Wrap-Up. Speak

반복해서 따라 읽은 내용을 기억하여 말하기

Frederic Henry was an American ambulance driver

.... during World War I.

He met Catherine Barkley, ...

Henry was .... and brought to a hospital in Milan to recover.

Catherine joined him there, ...

They .... fell in love, and Catherine became pregnant.

Henry was again sent to ....

His troops were .... , and Henry was almost killed.

He .... and returned to Milan, looking for Catherine.

He .... in the town of Stresa in Italy.

From there, they once again escaped to Switzerland

.... happily and peacefully.

Early one morning in the spring, Catherine went to the

hospital ____________________.

She ____________________ and, later that night, died of a hemorrhage.

Henry ____________________ until she was gone.

He walked back to his hotel ____________________.

Dr. Jekyll and Mr. Hyde

지킬 박사와 하이드 (로버트 스티븐슨 지음)

day 77	starting time	y m d :
	finishing time	y m d :
	Total	min.

day 78	starting time	y m d :
	finishing time	y m d :
	Total	min.

MP3 039

Listen
오디오를 들으면서 끊어 읽어야 하는 부분에 슬래시(/) 표시를 하며 내용 이해하기

Mr. Utterson, a respected lawyer, and his cousin were taking a walk. They came across a mysterious looking door. ❶The door led to a laboratory connected to the house of Dr. Jekyll, an old friend of Mr. Utterson. Mr. Utterson went to his study and took out Dr. Jekyll's will. His will said that when he died, everything was to go to a certain Mr. Hyde. ❷Mr. Utterson thought this was strange and went to Dr. Jekyll to inquire about it.

But Dr. Jekyll refused to discuss his connection with the odd Hyde fellow.
Almost a year later, a maid looking out her window saw a man club an elderly man to death. The maid recognized the murderer as Mr. Hyde. But the police could not find him. Mr. Utterson was concerned for Dr. Jekyll's safety, but Jekyll said not to worry. On another walk, Utterson and his cousin saw Jekyll in his window. Jekyll was dramatically transformed, right in front of them. Mr. Hyde was found dead, in Dr. Jekyll's laboratory.
Dr. Jekyll was taking a drug which turned him into the evil Mr. Hyde for short periods of time. He wanted to test his theory that man has a dual nature. ❸He was successful in separating the good and evil sides of himself. But Dr. Jekyll soon discovered that he could not recreate the drug. That means he could no longer continue his double life. Eventually, Dr. Jekyll killed himself before Mr. Utterson could break in.

Voca Check

lawyer 변호사 | laboratory 실험실 | study 서재, 연구실 | will 유언(장) | certain (사람 이름과 함께 쓰여)…라는 | inquire about ~에 대해 물어보다 | odd 괴상한 | maid 하녀, 가정부 | club (곤봉으로) 치다, 때리다 | recognize 알아보다 | be transformed 변신하다 | dual 이중의(= double) | break in 침입하다

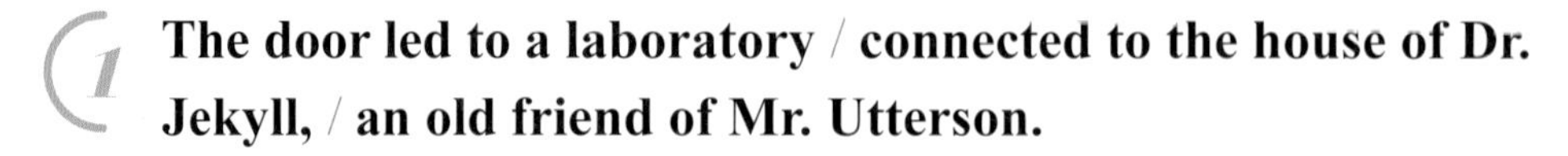

낭독 코치의 족집게 조언

1 **The door led to a laboratory / connected to the house of Dr. Jekyll, / an old friend of Mr. Utterson.**

끊어 읽기 긴 문장을 적절하게 끊어 읽어야 하는 이유가 뭘까요? 바로 상대방에게 내 의사를 좀 더 효과적으로 전달하기 위해서예요. 이 문장에서도 두 번째 의미 덩어리인 connected to the house of Dr. Jekyll이 바로 앞의 a laboratory를 꾸며주므로 connected 앞에서 잠깐 끊어 읽고, 그리고 Dr. Jekyll을 설명하는 의미 덩어리인 an old friend of Mr. Utterson을 시작하기 전에 역시 짧게 끊어 읽으면 효과적인 의미 전달이 되죠.

2 **Mr. Utterson thought this was strange and went to Dr. Jekyll to inquire about it.**

발음·연음 thought this, was strange, went to의 경우, 앞 단어의 끝 음절과 뒷 단어의 첫 음절의 발음이 중복돼요. 이때는 한 번만 발음을 해주는 거예요. 그러니까 각각 [쏘-디스], [워-스트레인지], [웬-투]처럼 발음해야 해요. 한편 문장 끝 부분의 inquire about it의 경우, 딱딱하게 세 단어를 따로 발음하지 말고 연음 처리를 하여, 즉 부드럽게 이어서 [인콰이러-바우-릿]처럼 발음하세요.

3 **He was successful in separating the good and evil sides of himself.**

리듬 이 문장에서 의미의 핵심을 이루는 내용어(Content Word)들은 successful, separating, good, evil, sides, himself예요. 따라서 이 단어들은 상대적으로 강하게 발음하고, 나머지 기능어(Function Word)들은 빠르고 약하게 말함으로써 영어의 리듬을 한번 만들어 보세요.

Step 2 **Listen & Repeat**

스크립트 보고, 오디오 들으며 큰 소리로 따라 말하기 (5회)

1 ☑ 2 ☐ 3 ☐ 4 ☐ 5 ☐

Step 3 **Shadowspeak**

스크립트 없이, 오디오만 들으며 큰 소리로 따라 말하기 (7회)

1 ☑ 2 ☐ 3 ☐ 4 ☐ 5 ☐ 6 ☐ 7 ☐

Read Aloud

스크립트만 보고, 오디오 없이 큰 소리로 따라 말하기 (7회)

필요하면 오디오를 듣고, 정확한 발음을 확인한 후, 따라 말하기 연습을 하세요.

/ 끊어 읽기 억양 **볼드** 강세를 두어 읽는 부분 연음

Mr. Utterson, a **respected lawyer**, / and his **cousin** / were **taking** a **walk**.

They **came across** a **mysterious looking door**.

The **door led** to a **laboratory** / **connected** to the **house** of **Dr. Jekyll**, / an **old friend** of **Mr. Utterson**.

Mr. Utterson went to his **study** / and **took out Dr. Jekyll's Will**.

His **will said** / that when he **died**, / **everything** was to **go** to a **certain Mr. Hyde**.

Mr. Utterson thought / this was **strange** / and **went** to **Dr. Jekyll** to **inquire** about it.

But **Dr. Jekyll refused** to **discuss** his **connection** / with the **odd Hyde fellow**.

Almost a **year later**, / a **maid looking out** her **window** / **saw** a **man** / **club** an **elderly man** to **death**.

The **maid recognized** the **murderer** / as **Mr. Hyde**.

But the **police** could **not find** him.

Mr. **Utterson** was **concerned** for **Dr**. **Jekyll's safety**, / but **Jekyll said** / **not** to **worry**.

On another **walk**, / **Utterson** and his **cousin** / **saw Jekyll** in his **window**.

Jekyll was **dramatically transformed**, / **right** in **front** of them.

Mr. **Hyde** was **found dead**, / in **Dr**. **Jekyll's laboratory**.

Dr. **Jekyll** was **taking** a **drug** / which **turned** him into the **evil Mr**. **Hyde** / for **short periods** of time.

He **wanted** to **test** his **theory** / that **man has** a **dual nature**.

He was **successful** / in **separating** the **good** and **evil sides** of **himself**.

But / **Dr**. **Jekyll** soon **discovered** / that he could **not recreate** the **drug**.

That means / he could **no longer continue** his **double life**.

Eventually, / **Dr**. Jekyll **killed himself** / before **Mr**. **Utterson** could **break** in.

Extra-Step

Wrap-Up. Speak
반복해서 따라 읽은 내용을 기억하여 말하기

Mr. Utterson, ……………………………, and his cousin were taking a walk. They came across …………………………….

The door led to a laboratory …………………………… of Dr. Jekyll, an old friend of Mr. Utterson.

Mr. Utterson went to his study and …………………………….

His will said that when he died, everything was …………………………….

Mr. Utterson thought …………………………… and went to Dr. Jekyll to inquire about it.

But Dr. Jekyll refused …………………………… with the odd Hyde fellow.

Almost a year later, a maid …………………………… saw a man club an elderly man to death.

The maid …………………………… Mr. Hyde.

But the police could not find him.

Mr. Utterson was concerned for Dr. Jekyll's safety, but Jekyll said …………………………….

__________________, Utterson and his cousin saw Jekyll in his window.

Jekyll __________________, right in front of them.

Mr. Hyde was ______________, in Dr. Jekyll's laboratory.

Dr. Jekyll was ______________ which turned him into the evil Mr. Hyde for short periods of time.

He wanted to test his theory that __________________.

He was successful ______________________________ of himself.

But Dr. Jekyll soon discovered that he could not ________ ______________.

That means he could no longer __________________.

Eventually, Dr. Jekyll killed himself before __________ __________________.

Gone with the Wind

바람과 함께 사라지다(마가렛 미첼 지음)

day 79	starting time	y m d :
	finishing time	y m d :
	Total	min.

day 80	starting time	y m d :
	finishing time	y m d :
	Total	min.

79 day Gone with the Wind

MP3 040

Listen
오디오를 들으면서 끊어 읽어야 하는 부분에 슬래시(/) 표시를 하며 내용 이해하기

Scarlett O'Hara lived on a plantation in Georgia, called Tara. She met Rhett Butler, a dashing adventurer. The Civil War began. Scarlett married Charles Hamilton, hoping to hurt a man she once loved. Charles went to war and died of measles. She had his son and named him Wade.
They moved to Atlanta to live with Charles' sister Melanie. Scarlett saw Rhett a lot and they developed a stormy relationship. Melanie's husband Ashley was captured in the war. Melanie was pregnant and Scarlett agreed to help her. Rhett helped Scarlett, Melanie and her baby, Beau, escape. He left them to join the Confederate army.
The war ended and Scarlett rebuilt Tara. Scarlet married Frank and they had a baby girl,

Ella.

She borrowed money from Rhett and bought a sawmill. Frank was killed by the Ku Klux Klan.

❶Scarlett married Rhett after all and they moved to Atlanta. They had a daughter named Bonnie.

❷Scarlett and Rhett's marriage began happily, but Rhett became increasingly bitter and indifferent toward her. Their marriage began to fall apart. ❸During that time, Bonnie was killed when she fell off of a horse. Scarlett tried to save their marriage but Rhett left her. She ended up moving back to Tara.

Voca Check

plantation 농장 | dashing 멋진, 용감한 | the Civil War 미국의 남북전쟁(1861~1865) | measles 홍역 | develop a stormy relationship 급속히 관계가 가까워지다 | be captured 포로로 붙잡히다 | be pregnant 임신을 하다 | the Confederate army 남부 연합군 | sawmill 제재소 | Ku Klux Klan KKK단(백인우월주의를 내세우는 미국의 극우비밀결사 단체) | fall apart 금이 가다, 깨지다 | fall off of ~에서 떨어지다 | end up -ing 결국 ~하다

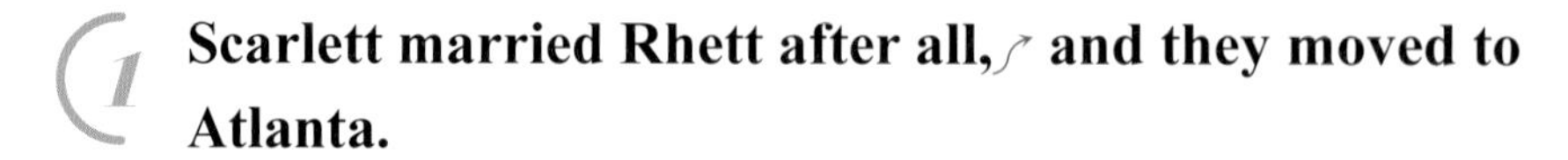

낭독 코치의 족집게 조언

1 Scarlett married Rhett after all, and they moved to Atlanta.

억양 after all은 '마침내'라는 뜻으로 일종의 극적인 의미를 띠고 있는 표현이에요. 그러므로 발음할 때도 그냥 평범한 톤으로 하지 말고 억양을 올려주면서 읽는답니다.

2 Scarlett and Rhett's marriage began happily, but Rhett became increasingly bitter and indifferent toward her.

발음·강세 bitter는 첫 번째 음절 i에 강세가 있으므로 그 다음에 위치한 tt의 발음은 약하게 해요. 즉, [t]가 [d]로 약화되어 마치 [비더]처럼 발음해요. 한편 indifferent와 toward는 발음할 때 강세에 주의하세요. 적잖은 사람들이 첫 번째 음절에 강세가 있는 것처럼 발음하는데, 이 두 단어들은 모두 강세가 두 번째 음절인 각각 i와 a에 있어요. 따라서 두 번째 음절을 강하게 발음해야 한다는 것 꼭 기억하세요. 단어의 강세를 올바로 발음하지 않으면 의외로 원어민들이 우리가 하는 말을 못 알아듣는 경우가 꽤나 많답니다.

3 During that time, Bonnie was killed when she fell off of a horse.

연음 fell off of a horse에서 off와 of를 하나씩 따로 발음하면 소리가 비슷하기 때문에 발음하기도 힘들 뿐 아니라 부자연스럽게 들려요. 이때는 연음 발음을 해주세요. 또 전치사 of 다음에 부정관사 a가 오는 경우, 역시 대개 연음 발음을 해요. 따라서 off of a의 세 단어를 자연스럽게 이어서 한 단어인양 [오퍼버]처럼 발음해요.

Step 2 **Listen & Repeat**
스크립트 보고, 오디오 들으며 큰 소리로 따라 말하기 (5회)

1 ☑ 2 ☐ 3 ☐ 4 ☐ 5 ☐

Step 3 **Shadowspeak**
스크립트 없이, 오디오만 들으며 큰 소리로 따라 말하기 (7회)

1 ☑ 2 ☐ 3 ☐ 4 ☐ 5 ☐ 6 ☐ 7 ☐

Read Aloud

스크립트만 보고, 오디오 없이 큰 소리로 따라 말하기 (7회)

1 ☑ 2 ☐ 3 ☐ 4 ☐ 5 ☐ 6 ☐ 7 ☐

필요하면 오디오를 듣고, 정확한 발음을 확인한 후, 따라 말하기 연습을 하세요.

/ 끊어 읽기 　 억양 　 **볼드** 강세를 두어 읽는 부분 　 연음

Scarlett O'Hara lived on a **plantation** in **Georgia**, / called **Tara**.

She **met Rhett Butler**, / a **dashing adventurer**.

The **Civil War began**.

Scarlett married Charles Hamilton, / **hoping** to **hurt** a **man** / she once **loved**.

Charles went to **war** / and **died** of **measles**.

She **had** his **son** / and **named** him **Wade**.

They **moved** to **Atlanta** / to **live** with **Charles' sister** / **Melanie**.

Scarlett saw Rhett a lot / and they **developed** a **stormy relationship**.

Melanie's husband Ashley / was **captured** in the **war**.

Melanie was **pregnant** / and **Scarlett agreed** to **help** her.

Rhett helped Scarlett, **Melanie** / and her **baby**, **Beau**, **escape**.

He **left** them to join the Confederate army.

The **war ended** / and **Scarlett rebuilt Tara**.

Scarlet married Frank / and they had a **baby girl**, / **Ella**.

She **borrowed money** from **Rhett** / and **bought** a **sawmill**.

Frank was **killed** by the **Ku Klux Klan**.

Scarlett married Rhett after **all** / and they **moved** to **Atlanta**.

They **had** a **daughter** / named **Bonnie**.

Scarlett and **Rhett's marriage began happily**, / but **Rhett** became **increasingly bitter** / and **indifferent** toward her.

Their **marriage began** to **fall** apart.

During that **time**, / **Bonnie** was **killed** / when she **fell** off of a **horse**.

Scarlett tried to **save** their **marriage** / but **Rhett left** her.

She **ended up** / **moving back** to **Tara**.

Extra-Step

Wrap-Up. Speak

반복해서 따라 읽은 내용을 기억하여 말하기

Scarlett O'Hara lived .... Georgia, called Tara.

She met Rhett Butler, ...

The .... began.

Scarlett married Charles Hamilton, ... a man she once loved.

Charles went to war and ....

She had his son and ....

They .... to live with Charles' sister Melanie.

Scarlett saw Rhett a lot and they .... relationship.

Melanie's husband Ashley .... in the war.

Melanie .... and Scarlett agreed to help her. Rhett helped Scarlett, Melanie and her baby, Beau, ...

He left them ....

The war ended and Scarlett ....

Scarlet ____________ and they had a baby girl, Ella.

She borrowed money from Rhett and ____________.

Frank was killed by ____________.

Scarlett married Rhett ____________ and they moved to Atlanta.

They had a daughter ____________.

Scarlett and Rhett's marriage began happily, but Rhett became ____________ toward her.

Their marriage began ____________.

During that time, Bonnie was killed when she ____________ a horse.

Scarlett tried to ____________ but Rhett left her.

She ____________ moving back to Tara.

Gulliver's Travels

걸리버 여행기(조나단 스위프트 지음)

day 81	starting time	y	m	d	:
	finishing time	y	m	d	:
	Total				min.

day 82	starting time	y	m	d	:
	finishing time	y	m	d	:
	Total				min.

Gulliver's Travels

MP3 041

Listen
오디오를 들으면서 끊어 읽어야 하는 부분에 슬래시(/) 표시를 하며 내용 이해하기

Lemuel Gulliver was an English surgeon. He went to sea when his business failed.

He was shipwrecked in Lilliput, a land of tiny people where everything was much smaller.

❶At first he was a prisoner, then he became a hero and then was wanted for treason.

He escaped to the neighboring Blefuscu, where he repaired a boat and set sail for England.

After staying in England with his family for two months, Gulliver undertook his next voyage.

It took him to a land of giants called Brobdingnag.

There he was captured by a farmer and became his pet. The farmer sold Gulliver to the queen.

He eventually escaped from the giants when an eagle carried him away and dropped him in the sea.

Next, Gulliver set sail again.

❷After an attack by pirates, he ended up in Laputa, a floating island. The people there were very smart but out of touch with reality.

His fourth and last journey took him to an unknown land. It was populated by Houyhnhnms which were rational-thinking horses.

Also, there were Yahoos, human-like creatures who served the Houyhnhnms.

He wanted to stay with the Houyhnhnms. But his bare body revealed to the horses that he was very much like a Yahoo.

❸Consequently, he was banished and returned home to England.

Voca Check

surgeon 외과 의사 | be shipwrecked (배가) 난파하다 | treason 반역 | set sail for ~를 향해 돛을 올리다 | undertake 착수하다 | voyage 항해 | eventually 결국 | pirate 해적 | floating 떠다니는 | out of touch with reality 현실 감각이 없는 | populate 거주시키다 | bare 벌거벗은 | consequently 그 결과로서 | banish 추방하다

낭독 코치의 족집게 조언

1 **At first / he was a prisoner, / then he became a hero / and then was wanted for treason.**

끊어 읽기 이 문장은 크게 세 개의 의미 덩어리로 이루어져 있어요. 이때 세 개의 의미 덩어리를 시간을 암시하는 At first 다음, 그리고 then과 and then 앞에서 각각 짧게 끊어 읽기를 해주면 듣는 사람이 훨씬 수월하게 의미의 흐름을 이해할 수 있죠.

2 **After an attack by pirates, he ended up in Laputa, a floating island.**

연음 After an attack을 그냥 세 단어를 따로따로 [애프터 언 어택]처럼 읽으면 결코 유창한 영어가 아니에요. [애프터-러-너택]처럼 자연스럽게 이어서 읽어주어야 해요. he ended up도 마찬가지고요. 한 단어씩 발음하기보다 세 단어들을 가능한 자연스럽게 이어서 읽어 보세요.

3 **Consequently, he was banished and returned home to England.**

발음 한국 사람들이 흔히 잘 구분하지 못하는 것 중의 하나가 b와 v의 발음이에요. 예컨대 belly(배, 위)와 valley(계곡), 그리고 banish(추방하다)와 vanish(사라지다)의 단어들을 b와 v를 정확히 구분해 발음하는 것은 쉬운 일이 아니죠. 이론적으로 설명하자면, b는 윗입술과 아랫입술을 입 안으로 겹쳐 물고 숨을 내쉬며 [비]라고 발음하고, v는 이빨을 아랫입술에 대고, [뷔]라고 발음하는 거예요. 이때 중요한 차이는 목에서 진동이 나느냐 안 나느냐지요. 즉, b는 무성음이므로 목에서 진동이 나지 않는 반면, 유성음인 v는 진동이 나죠. 따라서 banish를 발음할 때는 목에서 진동이 나지 않아야 해요.

Step 2 ***Listen & Repeat***
스크립트 보고, 오디오 들으며 큰 소리로 따라 말하기 (5회)

1 ☑ 2 ☐ 3 ☐ 4 ☐ 5 ☐

Step 3 ***Shadowspeak***
스크립트 없이, 오디오만 들으며 큰 소리로 따라 말하기 (7회)

1 ☑ 2 ☐ 3 ☐ 4 ☐ 5 ☐ 6 ☐ 7 ☐

Read Aloud

스크립트만 보고, 오디오 없이 큰 소리로 따라 말하기 (7회)

1 2 3 4 5 6 7

필요하면 오디오를 듣고, 정확한 발음을 확인한 후, 따라 말하기 연습을 하세요.

/ 끊어 읽기　　억양　　**볼드** 강세를 두어 읽는 부분　　연음

Lemuel Gulliver / was an **English surgeon**.

He **went** to **sea** / when his **business failed**.

He was **shipwrecked** in **Lilliput**, / a **land** of **tiny people** / where **everything** was **much smaller**.

At **first** / he was a **prisoner**, / then he **became** a **hero** / and then / was **wanted** for **treason**.

He **escaped** to the **neighboring Blefuscu**, / where he **repaired** a **boat** / and **set sail** for **England**.

After **staying** in **England** / with his **family** for **two months**, / **Gulliver undertook** his **next voyage**.

It **took** him to a **land** of **giants** / called **Brobdingnag**.

There he was **captured** by a **farmer** / and **became** his **pet**.

The **farmer sold Gulliver** to the **queen**.

He **eventually escaped** from the **giants** / when an **eagle carried** him **away** / and **dropped** him in the **sea**.

Next, / Gulliver **set sail** again.

After an **attack** by **pirates**, / he **ended up** in **Laputa**, / a

floating island.

The **people there** / were very **smart** / but **out** of **touch** with **reality**.

His **fourth** and **last journey**, / **took** him to an **unknown land**.

It was **populated** by **Houyhnhnms** / which were **rational-thinking horses**.

Also, / there were **Yahoos**, / **human-like creatures** / who **served** the **Houyhnhnms**.

He **wanted** to **stay** with the **Houyhnhnms**.

But his **bare body revealed** to the **horses** / that he was **very much** like a **Yahoo**.

Consequently, / he was **banished** / and **returned** home to **England**.

Extra-Step

Wrap-Up. Speak

반복해서 따라 읽은 내용을 기억하여 말하기

Lemuel Gulliver was ______________.

He went to sea when ______________.

He was shipwrecked in Lilliput, ______________

where everything was much smaller.

At first he was a prisoner, then he ________ ________

and then was wanted for treason.

He escaped to the neighboring Blefuscu, where he repaired

a boat and ______________.

After staying in England with his family for two months,

Gulliver ______________.

It took him to ______________ called Brobdingnag.

There he was captured by a farmer and ______________.

The farmer sold Gulliver ______________.

He eventually escaped from the giants when ______________

______________ and dropped him in the sea.

Next, Gulliver ______________ again.

After an attack by pirates, he ended up in Laputa, ______________

______________.

The people there were very smart but ______________________ with reality.

His fourth and last journey took him to ______________.

It ______________________ by Houyhnhnms which were rational-thinking horses.

Also, there were Yahoos, ______________________ who served the Houyhnhnms.

He wanted ______________________ the Houyhnhnms.

But ______________________ revealed to the horses that he was very much like a Yahoo.

Consequently, he ______________________ and returned home to England.

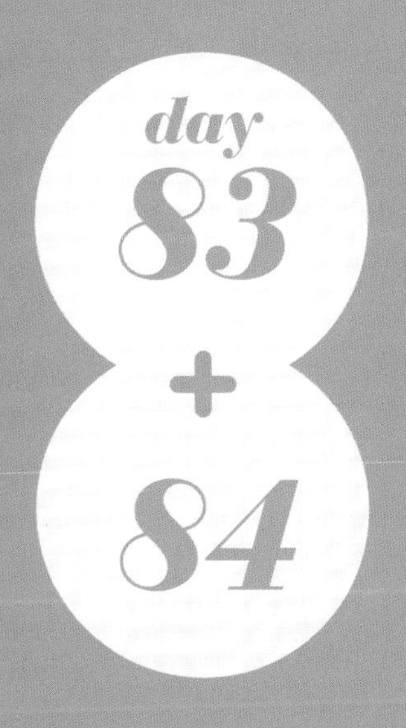

Jane Eyre

제인 에어(샬롯 브론테 지음)

day 83	starting time	y	m	d	:
	finishing time	y	m	d	:
	Total				min.

day 84	starting time	y	m	d	:
	finishing time	y	m	d	:
	Total				min.

Day 83 Jane Eyre

MP3 **042**

Listen
오디오를 들으면서 끊어 읽어야 하는 부분에 슬래시(/) 표시를 하며 내용 이해하기

Jane Eyre was a young orphan being raised by Mrs. Reed. Mrs. Reed was her cruel, wealthy aunt. She sent away Jane to Lowood school.

A typhus epidemic went through Lowood and Jane's friend, Helen Burns, died.

❶After completing school, she taught at Lowood for two years.

Afterwards, she worked at Thornfield manor and tutored a lively French girl named Adele.

Her boss was Rochester and Jane soon fell in love with him.

Rochester proposed to Jane but, on their wedding day, she learned that he was already married.

Rochester explained that his wife went mad.

He had kept her hidden at his house for many years.

In distress, Jane fled Thornfield.

Penniless and hungry, Jane was forced to sleep outdoors and beg for food.

Three siblings took Jane into their home.

❷There she discovered that the siblings were her cousins and that she had inherited a large sum of money.

Jane realized that she still loves Rochester and went back to Thornfield.

❸But the Thornfield manor was burned to the ground by a fire.

Rochester lost his eyesight and one of his hands, and his wife was killed in the fire.

Rochester and Jane rebuilt their relationship and soon married.

Voca Check

raise 기르다 | cruel 인정이 없는, 잔인한 | epidemic 유행병, 전염병 | manor 저택 | in distress 깊은 고민에 빠져 | flee 달아나다 (fled-fled) | penniless 무일푼의 | inherit 상속하다 | be burned to the ground 완전히 불타 없어지다 | lose one's eyesight 시력을 잃다

낭독 코치의 족집게 조언

1 After completing school, she taught at Lowood for two years.

발음·연음 completing에서 t는 강세가 있는 음절인 e 바로 다음에 와서 자연스레 [d]처럼 약하게 발음해요. 그래서 [컴플리딩]처럼 발음하죠. 마찬가지로 taught 역시 맨 끝의 t가 강세가 있는 음절 다음에 오기 때문에 마치 [토-드]처럼 끝의 t 발음을 약하게 해요. 또한 그 다음에 위치한 전치사 at의 a와 연음 현상이 일어나 taught at을 [토-댓]처럼 발음해요.

2 There she discovered / that the siblings were her cousins / and that she had inherited / a large sum of money.

끊어 읽기 끊어 읽기는 일종의 보이지 않는 콤마(,)의 역할을 해요. 전형적인 예가 문장에서 that 절이 쓰였을 때 접속사 that 앞에서 잠시 끊어 읽는 경우에요. 이 문장에서도 각각 that 절이 시작되는 that과 and that 앞에서 짧게 끊어 읽기를 해요. 한편 and that she had inherited a large sum of money에서 inherited 다음에 아주 짧게 끊어 읽기를 해주면 듣는 사람 입장에서 이해하는 게 수월하죠. 하지만 이때 꼭 끊어 읽기를 해주어야 하는 것은 아니에요. 너무 규칙에 얽매이지 말고 그냥 듣는 사람의 입장에 서서 적절히 끊어 읽기를 하세요.

3 But the Thornfield manor was burned to the ground by a fire.

리듬 이 문장에서는 Thornfield manor, burned, ground, fire라는 단어들만 있으면 '손필드 저택이 화재로 완전히 불탔다'라는 의미를 전달할 수 있죠. 따라서 이 단어들은 상대적으로 강하게 발음해요.

Step 2 ***Listen & Repeat***

스크립트 보고, 오디오 들으며 큰 소리로 따라 말하기 (5회)

1 ☑ 2 ☐ 3 ☐ 4 ☐ 5 ☐

Step 3 ***Shadowspeak***

스크립트 없이, 오디오만 들으며 큰 소리로 따라 말하기 (7회)

1 ☑ 2 ☐ 3 ☐ 4 ☐ 5 ☐ 6 ☐ 7 ☐

Read Aloud
스크립트만 보고, 오디오 없이 큰 소리로 따라 말하기 (7회)

필요하면 오디오를 듣고, 정확한 발음을 확인한 후, 따라 말하기 연습을 하세요.

/ 끊어 읽기 억양 **볼드** 강세를 두어 읽는 부분 연음

Jane Eyre was a **young orphan** / being **raised** by **Mrs. Reed**.

Mrs. Reed was her **cruel**, **wealthy aunt**.

She **sent** away **Jane** / to **Lowood school**.

A **typhus epidemic went** through **Lowood** / and **Jane's friend**, **Helen Burns**, **died**.

After **completing school**, / she **taught** at **Lowood** for **two years**.

Afterwards, / she **worked** at **Thornfield manor** / and **tutored** a **lively French girl** / named **Adele**.

Her **boss** was **Rochester** / and **Jane soon fell** in **love** with him.

Rochester proposed to **Jane** / **but**, on their **wedding day**, / she **learned** that / he was **already married**.

Rochester explained / that his **wife** went **mad**.

He had **kept** her **hidden** / at his **house** for **many years**.

In **distress**, / **Jane fled Thornfield**.

Penniless and **hungry**, / **Jane** was **forced** to **sleep outdoors** / and **beg** for **food**.

Three siblings took Jane / into their **home**.

There she **discovered** / that the **siblings** were her **cousins** / and that she had **inherited** / a **large sum** of **money**.

Jane realized / that she still **loves Rochester** / and **went back** to **Thornfield**.

But the **Thornfield manor** was **burned** to the **ground** / by a fire.

Rochester lost his **eyesight** / and one of his **hands**, / and his **wife** was **killed** in the **fire**.

Rochester and **Jane rebuilt** their **relationship** / and **soon married**.

Wrap-Up. Speak
반복해서 따라 읽은 내용을 기억하여 말하기

Jane Eyre was .... being raised by Mrs. Reed.

Mrs. Reed was her .... aunt.

She .... Jane to Lowood school.

A typhus epidemic .... Lowood and Jane's friend, Helen Burns, died.

.................................., she taught at Lowood for two years.

Afterwards, she worked at Thornfield manor and .... named Adele.

Her boss was Rochester and Jane soon .... him.

Rochester proposed to Jane but, ..., she learned that he was already married.

Rochester explained that his wife ....

He had .... at his house for many years.

...................., Jane fled Thornfield.

.................................., Jane was forced to sleep outdoors and beg for food.

Three siblings .... into their home.

There she discovered that the siblings were her cousins

and that she had inherited ....

.... that she still loves Rochester and

went back to Thornfield.

But the Thornfield manor was .... by a

fire.

Rochester lost .... and one of his

hands, and his wife was killed in the fire.

Rochester and Jane .... and soon

married.

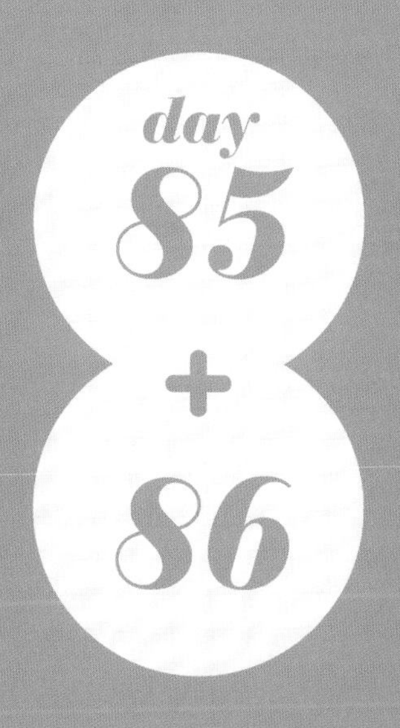

King Lear

리어 왕 (윌리엄 셰익스피어 지음)

day 85	starting time	y m d :
	finishing time	y m d :
	Total	min.

day 86	starting time	y m d :
	finishing time	y m d :
	Total	min.

85 day King Lear

MP3 043

Listen
오디오를 들으면서 끊어 읽어야 하는 부분에 슬래시(/) 표시를 하며 내용 이해하기

Lear, the aging king of Britain, decided to divide his kingdom evenly between his three daughters.

❶First, however, he put his daughters through a test.

He asked each to tell him how much she loves him.

Goneril and Regan, his older daughters, gave him flattering but meaningless answers.

Cordelia, the youngest and his favorite, said she had no words to describe how much she loves him.

❷Lear was very angry and disowned her.

So Cordelia went to France together with the king of France, who wanted to marry her even without her land.

Lear quickly learned that he had made a bad decision.

His older daughters had betrayed him.

Lear went insane and fled to wander on a heath.

An elderly nobleman named Gloucester was also having family problems.

He too headed out on the heath and met King Lear.

He decided to help Lear in spite of the danger.

But Gloucester was captured, blinded and sent away.

③His son Edgar, in disguise, led Gloucester to Dover, where Lear had also gone.

Cordelia, who had married the French king, led the French army to Dover in an effort to save her father.

Edmond, Gloucester's illegitimate son, led the English army against Cordelia.

Lear and Cordelia were captured.

Cordelia was executed in prison and Lear died of grief over her death.

Voca Check

aging 나이가 들어가는, 연로한 | evenly 공평하게 | put~through a test ~를 시험해보다 | flattering 아첨하는, 기쁘게 하는 *cf.* flattery 아첨 | disown (부모 자식 간의) 인연을 끊다 | betray 배신하다 | go insane 미치다(= go mad) | heath 황야 | in spite of ~에도 불구하고 | in disguise 변장을 하고 | illegitimate son 첩의 아들, 서자 | be executed 처형되다 | grief over ~에 대한 깊은 슬픔

낭독 코치의 족집게 조언

1 First, however,↘ he put his daughters through a test.

억양 앞의 문장과 대조되는 내용을 말하고자 할 때 보통 however를 사용해요. 따라서 however가 문장 중간에 쓰인 경우는 밋밋하게 발음하지 말고 억양 처리에 신경을 쓰세요. 그런데 however의 억양은 말하는 사람의 습성과 문맥적 뉘앙스에 따라 달라져요. 여기서는 억양을 내려주면서 however를 발음하고 있어요.

2 Lear was very angry↘ and↗ disowned her.

억양 문장을 리드미컬하게 말하는 방법 중의 하나는 억양에 적절히 변화를 주면서 발음하는 거예요. 이 문장의 경우, and를 전후로 and 앞부분을 발음할 때는 억양을 점점 내리고 and 다음에서 억양을 올려요. 그러면 억양의 높낮이를 통해 자연스레 문장의 리듬이 만들어지죠.

3 His son Edgar, in disguise, led Gloucester to Dover, where Lear had also gone.

발음 Dover를 [도버]라고 발음하면 정확한 발음이 아니에요. Dover에서 o를 발음 기호로 표기하면 [ou]예요. 이것은 go를 발음할 때 o의 발음 표기와 같아요. 이때 [ou]는 [오우]에 가까운 발음이에요. 따라서 [도버]가 아니라 [도우버]에 가깝게 발음해요.

Step 2 **Listen & Repeat**
스크립트 보고, 오디오 들으며 큰 소리로 따라 말하기 (5회)

1 ☑ 2 ☐ 3 ☐ 4 ☐ 5 ☐

Step 3 **Shadowspeak**
스크립트 없이, 오디오만 들으며 큰 소리로 따라 말하기 (7회)

1 ☑ 2 ☐ 3 ☐ 4 ☐ 5 ☐ 6 ☐ 7 ☐

Read Aloud
스크립트만 보고, 오디오 없이 큰 소리로 따라 말하기 (7회)

필요하면 오디오를 듣고, 정확한 발음을 확인한 후, 따라 말하기 연습을 하세요.

/ 끊어 읽기　　↗↘ 억양　　**볼드** 강세를 두어 읽는 부분　　↪ 연음

Lear, / the **aging king** of **Britain**, / **decided** to **divide** his **kingdom evenly** / between his **three daughters**.

First, however, / he **put** his **daughters** through a **test**.

He **asked each** to **tell** him, / **how much** she **loves** him.

Goneril and Regan, / his **older daughters**, / **gave** him **flattering** / **but meaningless answers**.

Cordelia, / the **youngest** and his **favorite**, / **said** she had **no words** to **describe** / **how much** she **loves** him.

Lear was **very angry** / and **disowned** her.

So **Cordelia went** to **France** / **together** with the **king** of **France**, / who **wanted** to **marry** her **even without** her **land**.

Lear quickly learned / that he had **made** a **bad decision**.

His **older daughters** had **betrayed** him.

Lear went insane / and **fled** to **wander** on a **heath**.

An **elderly nobleman** named **Gloucester** / was also **having family problems**.

He too / **headed out** on the **heath** / and **met King Lear**.

He **decided** to **help Lear** / in **spite** of the **danger**.
But **Gloucester** was **captured**, / **blinded** / and **sent away**.
His **son Edgar**, in **disguise**, / **led Gloucester** to **Dover**, / where **Lear** had also **gone**.
Cordelia, / who had **married** the **French king**, / **led** the **French army** to **Dover** / in an **effort** to **save** her **father**.
Edmond, / **Gloucester's illegitimate son**, / **led** the **English army against Cordelia**.
Lear and **Cordelia** were **captured**.
Cordelia was **executed** in **prison** / and **Lear died** of **grief** / over her **death**.

Extra-Step

Wrap-Up. Speak

반복해서 따라 읽은 내용을 기억하여 말하기

Lear, the aging king of Britain, decided to ....

.... between his three daughters.

First, however, he put his daughters ....

He asked each to tell him ....

Goneril and Regan, his older daughters, gave him ....

.... answers.

Cordelia, the youngest and his favorite, said she had ....

.... how much she loves him.

Lear was very angry and ....

So Cordelia went to France .... ,

who wanted to marry her even without her land.

Lear quickly learned that he had ....

His older daughters had ....

Lear .... and fled to wander on a heath.

An elderly nobleman .... was also

having family problems.

He too .... on the heath and met King Lear.

He decided to help Lear ______________.

But Gloucester was captured, ______________ and sent away.

His son Edgar, ______________, led Gloucester to Dover, where Lear had also gone.

Cordelia, who had married the French king, led the French army to Dover ______________ to save her father.

Edmond, ______________, led the English army against Cordelia.

Lear and Cordelia ______________.

Cordelia was executed in prison and Lear died of ______________.

The Merchant of Venice

베니스의 상인(윌리엄 셰익스피어 지음)

day 87	starting time	y m d :
	finishing time	y m d :
	Total	min.

day 88	starting time	y m d :
	finishing time	y m d :
	Total	min.

MP3 044

Listen
오디오를 들으면서 끊어 읽어야 하는 부분에 슬래시(/) 표시를 하며 내용 이해하기

Antonio was a wealthy merchant in the Italian city of Venice. His friend, Bassanio, needed money to impress Portia, a wealthy heiress. Antonio could not make the loan himself because his own money was invested in a number of trade ships. Antonio and Bassanio approached Shylock, a Jewish moneylender, for a loan. In fact, Shylock disliked Antonio because he spoke out against his dishonest way of lending money.

❶To their surprise, Shylock agreed to lend Bassanio the money. ❷A condition, however, was that if the loan goes unpaid, Shylock would be entitled to a pound of Antonio's flesh.

Antonio's ships were lost at sea, meaning that he was unable to repay the loan. The matter went to court. Shylock could indeed demand a pound of flesh from Antonio. A legal expert, who was really Portia disguised as a man, told Shylock that he could draw no blood. The contract did not entitle him to any blood. Consequently, Shylock got nothing. He was found guilty of conspiring to kill a Venetian citizen.

③The penalty was death, but all involved agreed that the punishment should be different. Shylock was fined, and he had to convert to Christianity. Soon after, the joyful news arrived that Antonio's ships came back safely.

Voca Check

merchant 상인 | heiress 상속녀 | loan 대출 | speak out against ~에 대해 공공연히 비난을 하다 | to one's surprise 놀랍게도, 의외로(= surprisingly) | be entitled to ~할 권리가 있다 | flesh 살 | go to court 재판 사태로 가다 | legal expert 법률 전문가 | draw blood 피를 나오게 하다 | be found guilty of ~로 유죄 판결을 받다 | conspire 음모를 꾸미다 | all involved 모든 관련자들 | fine 벌금을 물리다 | convert to Christianity 기독교로 개종하다

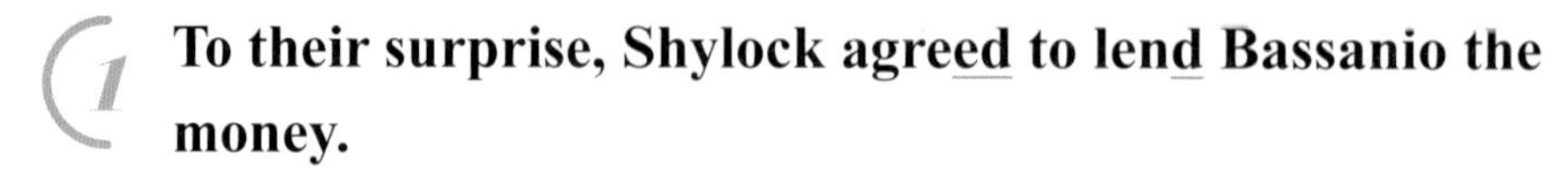

1 To their surprise, Shylock agreed to lend Bassanio the money.

발음 -d 또는 -ed로 끝나는 동사의 과거나 과거 분사, 그리고 -d로 끝나는 단음절 단어를 문장 속에서 발음할 때는 흔히 끝의 -d를 마치 없는 것처럼 아주 약하게 발음해요. 그래서 이 문장의 경우도 agreed, lend를 각각 [어그뤼-], [렌-]처럼 발음해요.

2 A condition, however,↘ was that if the loan goes unpaid, Shylock would be entitled to a pound of Antonio's flesh.

억양 앞 문장과는 대조되는 의미의 내용이 온다는 것을 알리는 단어인 however가 문장 중간에 쓰이는 경우에는 억양을 통해 뉘앙스를 전달해요. 그래서 이 문장에서도 however에서 억양을 내려 발음하고 있죠.

3 The penalty was death, / but all involved / agreed that the punishment / should be different.

끊어 읽기 but 다음의 문장을 보면 involved와 agreed라는 두 개의 동사가 나란히 쓰였어요. 그렇다면 분명 이중 하나는 과거 동사가 아니라 과거 분사 형태로 쓰였다는 걸 직감적으로 알 수 있어야 해요. 이때 과거 동사로 쓰이고 있는 것은 agreed이고, involved는 과거 분사로서 '모든 당사자들'이라는 의미로 바로 앞 단어인 all을 꾸며주고 있어요. 따라서 끊어 읽기를 할 때도 but 다음에 주어와 동사에 해당하는 all involved와 agreed 사이에서 짧게 끊어 읽기를 해야 해요. 그래야 듣는 사람이 정확하게 의미를 이해할 수 있죠.

Step 2 **Listen & Repeat**
스크립트 보고, 오디오 들으며 큰 소리로 따라 말하기 (5회)

1 ☑ 2 ☐ 3 ☐ 4 ☐ 5 ☐

Step 3 **Shadowspeak**
스크립트 없이, 오디오만 들으며 큰 소리로 따라 말하기 (7회)

1 ☑ 2 ☐ 3 ☐ 4 ☐ 5 ☐ 6 ☐ 7 ☐

Read Aloud
스크립트만 보고, 오디오 없이 큰 소리로 따라 말하기 (7회)

필요하면 오디오를 듣고, 정확한 발음을 확인한 후, 따라 말하기 연습을 하세요.

/ 끊어 읽기 ↗↘ 억양 **볼드** 강세를 두어 읽는 부분 ⌣ 연음

Antonio was a **wealthy merchant** / in the **Italian city** of **Venice**.

His **friend**, **Bassanio**, / **needed money** to **impress Portia**, / a **wealthy heiress**.

Antonio could **not make** the **loan himself** / because his **own money** was **invested** / in a **number** of **trade ships**.

Antonio and **Bassanio** / **approached Shylock**, / a **Jewish moneylender**, for a **loan**.

In fact, / **Shylock disliked Antonio** / because he **spoke out** against his **dishonest way** / of **lending money**.

To their **surprise**, / **Shylock agreed** to **lend Bassanio the money**.

A **condition**, **however**,↘/ was **that** if the **loan goes unpaid**, / **Shylock** would be **entitled** / to a **pound** of **Antonio's flesh**.

Antonio's ships were **lost** at **sea**, / **meaning** that he was **unable** to **repay** the **loan**.

The **matter went** to **court**.

Shylock could **indeed** / **demand** a **pound** of **flesh** from **Antonio**.

A **legal expert**, / who was really **Portia disguised** as a **man**, / **told Shylock** / that he could **draw no blood**.

The **contract** / did **not entitle** him to any **blood**.

Consequently, / **Shylock got nothing**.

He was **found guilty** / of **conspiring** to **kill** a **Venetian citizen**.

The **penalty** was **death**, / but **all involved** / **agreed** that the **punishment** / should be **different**.

Shylock was **fined**, / and he **had** to **convert** to **Christianity**.

Soon after, / the **joyful news arrived** / that **Antonio's ships came back safely**.

Extra-Step

Wrap-Up. Speak
반복해서 따라 읽은 내용을 기억하여 말하기

Antonio was .... in the Italian city of Venice.

His friend, Bassanio, needed money ...., a wealthy heiress.

Antonio could not make the loan himself because his own money .... a number of trade ships.

Antonio and Bassanio approached Shylock, ... for a loan.

In fact, Shylock disliked Antonio because he .... his dishonest way of lending money.

...., Shylock agreed to lend Bassanio the money.

A condition, however, was that if the loan ...., Shylock would be entitled to a pound of Antonio's flesh.

Antonio's ships were lost at sea, meaning that he was unable ....

The matter ....

Shylock could indeed .... from Antonio.

A legal expert, who was really Portia ....,
told Shylock that he could draw no blood.

The contract did not .... to any blood.

...................., Shylock got nothing.

He was .... of conspiring to kill a Venetian citizen.

The penalty was death, but .... agreed that the punishment should be different.

Shylock was fined, and he had to ....

Soon after, ... arrived that Antonio's ships came back safely.

Othello

오셀로(윌리엄 셰익스피어 지음)

day 89	starting time	y	m	d	:	
	finishing time	y	m	d	:	
	Total					min.

day 90	starting time	y	m	d	:	
	finishing time	y	m	d	:	
	Total					min.

89 day Othello

MP3 045

Listen
오디오를 들으면서 끊어 읽어야 하는 부분에 슬래시(/) 표시를 하며 내용 이해하기

Iago hated General Othello because Othello did not make him an officer in the army.
Desdemona, daughter of Senator Brabantio, ran off with Othello to be married. They moved to Cyprus. Iago planned to destroy their lives. He caused Roderigo, who loved Desdemona, to fight a duel with Cassio. [1]Cassio's reputation was smeared and he blamed Othello for his misfortune. Iago told Cassio to ask Desdemona to speak to Othello on his behalf. Iago hoped to plant the seeds of jealousy in Othello's mind.
The plan worked and Othello suspected Cassio and Desdemona of having an affair.
Othello was enraged, but demanded proof of any affair.
Desdemona accidentally dropped a handkerchief on the floor, given to her by Othello.
Iago placed it in Cassio's room, hoping to prove their

illicit relationship. ②Iago and Roderigo both wanted to destroy Othello, but Iago murdered Roderigo. ③When Othello heard of the handkerchief, he smothered his wife because of her unfaithfulness. Desdemona's maidservant told Othello that Desdemona was never unfaithful. As she explained Iago's plan, Iago stabbed and killed her. Letters written by Roderigo further explained Iago's entire scheme. Othello stabbed Iago but did not kill him, so that Iago would always live in pain. Othello then killed himself.

Voca Check

officer 장교, 부관 | Senator 원로원 의원 | fight a duel 결투를 하다 | smear one's reputation ~의 명예를 더럽히다 | on one's behalf ~을 대신하여 | jealousy 질투 | have an affair 관계[정사]를 갖다 | enraged 격분한 | proof 증거 | illicit 불법의, 부정한 | smother 숨 막히게 하다, 목을 조르다 | unfaithfulness 부정함 | maidservant 하녀 | stab 칼로 찌르다 | scheme 계획, 음모

낭독 코치의 족집게 조언

1 **Cassio's reputation was smeared and he blamed Othello for his misfortune.**

발음·연음 was smeared의 경우, was의 -s와 smeared의 첫 s-가 중복되어 발음하기가 힘들고 어색해요. 이때는 중복되는 s 발음을 한 번만 하여 [워-스미어드]처럼 발음해요. 한편 and와 he는 보통 문장에서 빨리 말할 경우, [앤드]와 [히]로 발음하지 않고 d와 h를 아주 약하게 하여 마치 [앤]과 [이]처럼 발음을 해요. 그리고 and he가 나란히 쓰이게 되면 자연스레 연음 발음이 되어 [애니]처럼 발음하죠.

2 **Iago and Roderigo both wanted to destroy Othello, but Iago murdered Roderigo.**

발음 center, international처럼 n 다음에 t가 쓰인 경우, 이때 t는 비음화되어 거의 발음을 하지 않아요. 그러므로 [쎄너], [이너내셔널]처럼 발음해요. 마찬가지로 이 문장의 wanted의 경우도 t 발음을 거의 생략하여 [원티드]가 아니라 [워니드]처럼 발음해요. 그리고 맨 끝의 d 발음 역시 거의 들리지 않을 정도로 아주 약하게 발음하죠.

3 **When Othello heard of the handkerchief, he smothered his wife because of her unfaithfulness.**

리듬 강약 조절 없이 거의 일정한 톤으로 발음하는 것은 한국인들의 고질병 중의 하나예요. 이 문장에서도 his wife를 발음할 때, his와 wife를 똑같은 강도로 발음하지 않아요. 이때 더 중요한 단어는 his가 아니라 wife이므로 당연히 wife를 상대적으로 강하게 발음하죠. 그럼 이 문장의 주요 성분을 이루는 내용어(Content Word)들인 Othello, heard, handkerchief, smothered, wife, because, unfaithfulness를 강하게 읽고, 나머지 기능어(Function Word)는 약하게 읽으면서 영어의 리듬감을 스스로 느껴보세요.

Listen & Repeat
스크립트 보고, 오디오 들으며 큰 소리로 따라 말하기 (5회)

1 ☑ 2 ☐ 3 ☐ 4 ☐ 5 ☐

Shadowspeak
스크립트 없이, 오디오만 들으며 큰 소리로 따라 말하기 (7회)

1 ☑ 2 ☐ 3 ☐ 4 ☐ 5 ☐ 6 ☐ 7 ☐

Read Aloud

스크립트만 보고, 오디오 없이 큰 소리로 따라 말하기 (7회)

필요하면 오디오를 듣고, 정확한 발음을 확인한 후, 따라 말하기 연습을 하세요.

/ 끊어 읽기 ⁄⁀↘ 억양 **볼드** 강세를 두어 읽는 부분 ◡ 연음

Iago hated General Othello / because **Othello** did **not make** him an **officer** in the **army**.

Desdemona, / **daughter** of Senator **Brabantio**, / **ran** off with **Othello** to be **married**.

They **moved** to **Cyprus**.

Iago planned to **destroy** their lives.

He **caused Roderigo**, / who **loved Desdemona**, / to **fight** a **duel** with **Cassio**.

Cassio's reputation was **smeared** / and he blamed **Othello** for his **misfortune**.

Iago told Cassio to **ask Desdemona** / to **speak** to **Othello** on his **behalf**.

Iago hoped to **plant** the seeds of **jealousy** / in **Othello's mind**.

The **plan worked** / and **Othello suspected Cassio** and **Desdemona** / of **having** an **affair**.

Othello was **enraged**, / but **demanded proof** of any **affair**.

Desdemona accidentally dropped a **handkerchief** on the **floor**, / **given** to her by **Othello**.

Iago placed it in **Cassio's room**, / **hoping** to **prove** their **illicit relationship**.

Iago and **Roderigo** / **both wanted** to **destroy Othello**, / but **Iago murdered Roderigo**.

When **Othello heard** of the **handkerchief**, / he **smothered** his **wife because** of her **unfaithfulness**.

Desdemona's maidservant told Othello / that **Desdemona** was **never unfaithful**.

As she **explained** Iago's **plan**, / **Iago stabbed** / and **killed** her.

Letters written by **Roderigo** / further **explained** Iago's **entire scheme**.

Othello stabbed Iago / but did **not kill** him, / so that **Iago** would **always live** in **pain**.

Othello then / **killed** himself.

Wrap-Up. Speak
반복해서 따라 읽은 내용을 기억하여 말하기

Iago hated General Othello because Othello did not

.... in the army.

Desdemona, daughter of Senator Brabantio, ran off with

Othello ....

They .... to Cyprus. Iago planned ....

their lives.

He caused Roderigo, who loved Desdemona, to ....

.... with Cassio.

Cassio's reputation .... and he blamed

Othello for his misfortune.

Iago told Cassio to ask Desdemona to speak to Othello

....

Iago hoped to .... in Othello's mind.

The plan worked and Othello suspected Cassio and

Desdemona of having an affair.

Othello was enraged, but .... of any affair.

Desdemona accidentally .... on the floor, given to her by Othello.

Iago placed it in Cassio's room, hoping to ....

....

Iago and Roderigo both wanted .... ,

but Iago murdered Roderigo.

When Othello heard of the handkerchief, he ....

.... because of her unfaithfulness.

Desdemona's maidservant told Othello that Desdemona

was ....

As she explained Iago's plan, Iago .... her.

Letters written by Roderigo further explained ....

....

Othello stabbed Iago but did not kill him, so that Iago

would always ....

Othello then ....

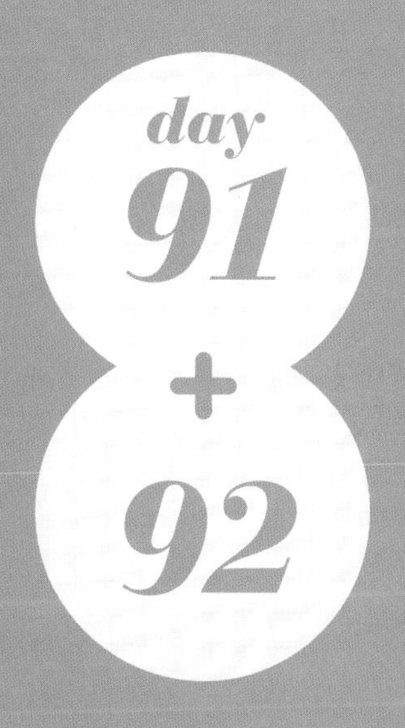

Macbeth

맥베스(윌리엄 셰익스피어 지음)

day 91	starting time	y	m	d	:	
	finishing time	y	m	d	:	
	Total					min.

day 92	starting time	y	m	d	:	
	finishing time	y	m	d	:	
	Total					min.

91 day Macbeth

MP3 046

Listen
오디오를 들으면서 끊어 읽어야 하는 부분에 슬래시(/) 표시를 하며 내용 이해하기

The Scottish King Duncan learned that his two generals had defeated invading armies.
After the battles the generals, Macbeth and Banquo, encountered three witches. ❶They made a prophecy that Macbeth would be crowned King of Scotland. ❷They also prophesied that Banquo's sons would become Scottish kings, but not him. Macbeth thought that their prophecy might be true, but he was uncertain what to expect.
He invited King Duncan to his castle at Inverness for dinner. Lady Macbeth persuaded her husband to kill Duncan that very night, by stabbing him.
She was certain the prophecy would come true. They got

Duncan's two royal servants drunk and blamed the murder on them. Macbeth killed them to avenge the king's death and become king himself. But he feared that Banquo's sons would seize his crown, as prophesied. Macbeth planned to kill Banquo and his son Fleance. Banquo was killed but Fleance escaped.

③ At an evening banquet, Banquo's ghost visited Macbeth, and he cried out in front of many noble guests. Frightened, Macbeth went to visit the witches. There, they told him of more prophecies. One was that he had to beware of MacDuff, a Scottish nobleman who opposed his succession to the crown. So Macbeth seized his castle and killed his family, while MacDuff stayed in England. MacDuff led the English army against Macbeth.

Lady Macbeth killed herself, after ongoing nightmares. Macbeth and MacDuff met on the battlefield and MacDuff finally killed Macbeth. Then, Prince Malcolm, son of Duncan, became the King of Scotland.

Voca Check

general 장군, 대장 | defeat invading armies 침략군들을 무찌르다 | encounter 우연히 만나다 | witch 마녀 | make a prophecy 예언을 하다(= prophesy) | come true 실현되다 | avenge 복수하다 | seize 빼앗다 | banquet 연회 | beware of ~을 경계하다 | succession to the crown 왕위 계승 | ongoing nightmares 계속되는 악몽

낭독 코치의 족집게 조언

1 They made a prophecy that Macbeth would be crowned King of Scotland.

강세 명사 prophecy와 동사형인 prophesy는 모두 첫 음절인 o에 강세가 있어요. 발음할 때 특별히 강세에 신경을 쓰세요.

2 They also prophesied that Banquo's sons would become Scottish kings, ↗ but not him. ↘

억양 이 문장의 핵심 요지는 '뱅코 자신이 아니라 그의 아들들이 스코틀랜드의 왕이 될 것'이라는 거예요. 이러한 뉘앙스를 제대로 전달하려면 억양 처리를 잘 해주어야 해요. 그러니까 문장 후반부의 Scottish kings에서 억양을 올려주었다가 그 다음의 but not him을 발음할 때 점차 억양을 내려주세요.

3 At an evening banquet, Banquo's ghost visited Macbeth, and he cried out in front of many noble guests.

발음 ghost에서 h는 묵음으로, 발음하지 않아요. 그리고 ghost와 noble에서 o를 발음기호로 표시하면 [ou]에요. 따라서 [고스트], [노블]이라고 말하는 것은 정확한 발음이 아니에요. 그 보다는 [고우스트], [노우블]에 가깝게 발음을 해야죠. 원어민의 발음을 잘 듣고 열심히 흉내를 내보세요.

Step 2 **Listen & Repeat**
스크립트 보고, 오디오 들으며 큰 소리로 따라 말하기 (5회)

1 ☑ 2 ☐ 3 ☐ 4 ☐ 5 ☐

Step 3 **Shadowspeak**
스크립트 없이, 오디오만 들으며 큰 소리로 따라 말하기 (7회)

1 ☑ 2 ☐ 3 ☐ 4 ☐ 5 ☐ 6 ☐ 7 ☐

Read Aloud
스크립트만 보고, 오디오 없이 큰 소리로 따라 말하기 (7회)

필요하면 오디오를 듣고, 정확한 발음을 확인한 후, 따라 말하기 연습을 하세요.

/ 끊어 읽기 ↗↘ 억양 **볼드** 강세를 두어 읽는 부분 ◡ 연음

The **Scottish King Duncan** / **learned** that / his **two generals** had **defeated invading armies**.

After the **battles**, / the **generals**, **Macbeth and Banquo**, / **encountered three witches**.

They **made** a **prophecy** that **Macbeth** / would be **crowned King** of **Scotland**.

They **also prophesied** / that **Banquo's sons** would become **Scottish kings**, / but **not him**.

Macbeth thought that their **prophecy might** be **true**, / but he was **uncertain what** to **expect**.

He **invited King Duncan** to his **castle** / at **Inverness** for **dinner**.

Lady Macbeth persuaded her **husband** / to **kill Duncan** that **very night**, / by **stabbing** him.

She was **certain** / the **prophecy** would **come true**.

They got **Duncan's two** royal **servants drunk** / and **blamed** the **murder** on **them**.

Macbeth killed them to **avenge** the **king's death** / and become **king himself**.

But he **feared** that **Banquo's sons** / would **seize** his **crown**, / as **prophesied**.

Macbeth planned to **kill Banquo** / and his **son Fleance**.

Banquo was **killed** / but **Fleance escaped**.

At an **evening banquet**, / **Banquo's ghost** / **visited Macbeth**, / and he **cried out** in **front** of many **noble guests**.

Frightened, / **Macbeth went** to **visit** the **witches**.

There, / they **told** him of **more prophecies**.

One was / that he **had** to **beware** of **MacDuff**, / a **Scottish nobleman** / who **opposed** his **succession** to the **crown**.

So **Macbeth seized** his **castle** / and **killed** his **family**, / while **MacDuff stayed** in **England**.

MacDuff led the **English army** against **Macbeth**.

Lady Macbeth killed herself, / after **ongoing nightmares**.

Macbeth and **MacDuff** / **met** on the **battlefield** / and **MacDuff finally killed Macbeth**.

Then, **Prince Malcolm**, / son of **Duncan**, / **became** the **King** of **Scotland**.

Extra-Step

Wrap-Up. Speak

반복해서 따라 읽은 내용을 기억하여 말하기

The Scottish King Duncan learned that his two generals had ______________.

After the battles the generals, Macbeth and Banquo, ______________.

They ______________ that Macbeth would be crowned King of Scotland.

They also prophesied that Banquo's sons would become Scottish kings, ______________.

Macbeth thought that their prophecy might be true, but he was uncertain ______________.

He ______________ his castle at Inverness for dinner.

Lady Macbeth ______________ to kill Duncan that very night, by stabbing him.

She was certain the prophecy would ______________.

They got Duncan's two royal servants drunk and ______________ on them.

Macbeth killed them to ______________ and become king himself.

But he feared that Banquo's sons would ____________,

as prophesied.

Macbeth ____________ to kill Banquo and his son Fleance.

Banquo was killed but ____________.

____________, Banquo's ghost visited Macbeth,

and he cried out in front of many noble guests.

____________, Macbeth went to visit the witches.

There, they told him of ____________.

One was that he had to ____________, a Scottish

nobleman who opposed his succession to the crown.

So Macbeth ____________ and killed his family,

while MacDuff stayed in England.

MacDuff led the English army ____________.

Lady Macbeth killed herself, after ____________.

Macbeth and MacDuff met ____________ and

MacDuff finally killed Macbeth.

Then, Prince Malcolm, son of Duncan, became ____________

____________.

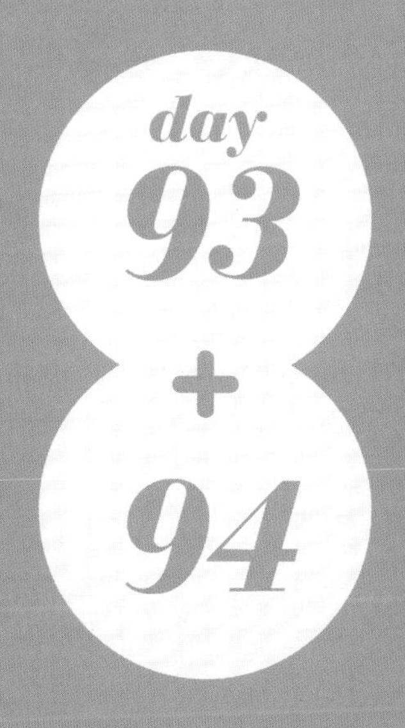

The Little Prince

어린 왕자(생 텍쥐페리 지음)

day 93	starting time	y	m	d	:	
	finishing time	y	m	d	:	
	Total					min.

day 94	starting time	y	m	d	:	
	finishing time	y	m	d	:	
	Total					min.

Listen
오디오를 들으면서 끊어 읽어야 하는 부분에 슬래시(/) 표시를 하며 내용 이해하기

❶A pilot crashed his plane in the Sahara desert. A little prince appeared and asked the pilot to draw him a sheep. The two became friends. The pilot learned that the prince was from a small planet called Asteroid 325. One day, a mysterious rose sprouted and the little prince fell in love with it. But he lost trust in it when he realized the rose lied to him. Feeling lonely, he decided to explore other planets. He passed by many asteroids in his travels. While traveling, he met a king, a vain man, a drunkard, a business man, a lamplighter and a geographer. All lived alone and were extremely busy with their own jobs. He learned from the geographer that roses do not last forever. All of a sudden, he began to miss his rose. At the geographer's suggestion, the little prince visited Earth. But he landed in the middle of the desert and could not find any humans. Instead, he met a snake, talked to a flower and climbed the tallest mountains.

The little prince found a rose garden, which surprised and depressed him. ②His rose had told him that she was the only one of her kind.

He made a friend with a fox, who taught him that only the heart can see the important things in life.

③The fox also taught that his time away from the rose would make the rose more special to him. The little prince's mind was fixed on returning to his rose. He began making plans with the snake to go back to his planet. But the snake bit the prince and he fell noiselessly to the sand. The next day, the pilot could not find the prince's body. He wondered if the little prince ever returned to his asteroid.

Voca Check

crash (비행기를) 불시착시키다 | planet 행성 | sprout 싹이 나다 | vain 허영심이 많은 | drunkard 술꾼, 술주정뱅이 | geographer 지리학자 | depress 우울하게 하다

낭독 코치의 족집게 조언

1 A pilot crashed his plane in the Sahara desert.

발음·강세 r과 l은 한국인들이 잘 구분하지 못하고 발음하는 대표적인 예죠. 예컨대 crash(추락, 불시착)를 잘못 발음하면 자칫 전혀 다른 의미의 단어인 clash(충돌)로 들릴 수 있어요. 보통 r은 [라]나 [리]보다는 [롸]와 [뤼]처럼 겹 발음으로, 그리고 l은 앞의 자음에 ㄹ 받침을 붙이고 [라]나 [리]처럼 발음해요. 그러므로 crash는 [크뢰쉬], 그리고 clash는 [클래쉬]에 가깝게 발음한답니다. 한편 Sahara desert를 발음할 때는 강세에 유의하세요. 즉, Sahara는 둘째 음절에 강세가 있으므로 첫 음절은 약하게 하여 [서해러]처럼 발음해요. 그리고 desert는 첫 음절에 강세가 있으므로 [데저트]처럼 발음하죠. 만약 둘째 음절에 강세를 넣어 [디저트]라고 발음하면 이것은 '후식'이란 뜻의 dessert가 돼요.

2 His rose had told him that she was the only one of her kind.

연음 문장 끝부분의 one of her는 연음 발음을 해요. 즉, 자연스럽게 이어서 마치 한 단어처럼 [워너버]라고 발음해요. 소유격인 her는 빨리 말할 때 마치 h가 묵음인 것처럼 [어]에 가깝게 발음되죠.

3 The fox also taught / that his time away from the rose / would make the rose more special to him.

끊어 읽기 이 문장을 제대로 이해하고 읽는지를 판단하려면 의미 덩어리인 his time away from the rose 다음에서 끊어 읽기를 하는지 보면 되요. 왜냐하면 his time away from the rose가 that 절의 주어로 사용되고 있으므로 짧게 끊어 읽기를 해주어야 듣는 사람이 쉽게 이해할 수 있죠.

Step 2 ***Listen & Repeat***
스크립트 보고, 오디오 들으며 큰 소리로 따라 말하기 (5회)

1 2 3 4 5

Step 3 ***Shadowspeak***
스크립트 없이, 오디오만 들으며 큰 소리로 따라 말하기 (7회)

1 2 3 4 5 6 7

Read Aloud
스크립트만 보고, 오디오 없이 큰 소리로 따라 말하기 (7회)

1 2 3 4 5 6 7

필요하면 오디오를 듣고, 정확한 발음을 확인한 후, 따라 말하기 연습을 하세요.

/ 끊어 읽기 　 억양 　 **볼드** 강세를 두어 읽는 부분 　 연음

A **pilot crashed** his **plane** / in the **Sahara desert**.

A **little prince appeared** / and **asked** the **pilot** to **draw** him a **sheep**.

The **two** became **friends**. The **pilot learned** / that the **prince** was from a **small planet** / called **Asteroid 325**.

One day, / a **mysterious rose sprouted** / and the **little prince fell** in **love** with it.

But he **lost trust** in it / when he **realized** / the **rose lied** to him. **Feeling lonely**, / he **decided** to **explore** other **planets**.

He **passed by** many **asteroids** in his **travels**.

While **traveling**, / he **met** a **king**, / a **vain man**, / a **drunkard**, / a **business man**, / a **lamplighter** / and a **geographer**.

All lived alone / and were **extremely busy** / with their **own jobs.**

He **learned** from the **geographer** / that **roses** do **not last forever**.

All of a **sudden**, / he **began** to **miss** his rose.

At the **geographer's suggestion**, / the **little prince visited Earth**.

But he **landed** in the **middle** of the **desert** / and could **not find** any **humans**.

Instead, / he **met** a **snake**, / **talked** to a **flower** / and **climbed** the **tallest mountains**.

The **little prince found** a **rose garden**, / which **surprised** and **depressed** him.

His **rose** had **told** him / that she was the **only one** of her **kind**.

He **made** a **friend** with a **fox**, / who **taught** him that / **only** the **heart** / can **see** the **important things** in **life**.

The **fox** also **taught** / that his **time away** from the **rose** / would **make** the **rose more special** to him.

The **little prince's mind** was **fixed** / on **returning** to his **rose**.

He **began making plans** with the **snake** / to **go back** to his **planet**.

But the **snake bit** the **prince** / and he **fell noiselessly** to the **sand**.

The **next day**, / the **pilot** could **not find** the **prince's body**.

He **wondered** / if the **little prince** / **ever returned** to his **asteroid**.

Wrap-Up. Speak
반복해서 따라 읽은 내용을 기억하여 말하기

A pilot __________ in the Sahara desert. A little prince appeared and asked the pilot to __________. The two __________. The pilot learned that the prince was from __________ called Asteroid 325. One day, a mysterious rose sprouted and the little prince fell in love with it.

But he lost __________ when he realized the rose lied to him.

__________, he decided to explore other planets.

He __________ many asteroids in his travels.

While traveling, he met a king, a vain man, a drunkard, a business man, __________.

All lived alone and were __________ with their own jobs.

He learned from the geographer that roses do not __________. All of a sudden, he began to __________.

__________, the little prince visited Earth.

But he landed ______________________________ and could not find any humans.

Instead, he met a snake, ______________________________ and climbed the tallest mountains.

The little prince found a rose garden, which ______________ ________________________ him.

His rose had told him that she was the only ______________.

He made a friend with a fox, who taught him that only the heart can ________________________.

The fox also taught that ____________________________ would make the rose more special to him.

The little prince's mind was ___________________ to his rose.

He began ____________________________ with the snake to go back to his planet.

But the snake __________________________________ and he fell noiselessly to the sand.

________________, the pilot could not find the prince's body.

He ________________________ the little prince ever returned to his asteroid.

Sense and Sensibility

이성과 감성 (제인 오스틴 지음)

day 95	starting time	y m d :
	finishing time	y m d :
	Total	min.

day 96	starting time	y m d :
	finishing time	y m d :
	Total	min.

95 day Sense and Sensibility

MP3 048

Step 1 ***Listen***
오디오를 들으면서 끊어 읽어야 하는 부분에 슬래시(/) 표시를 하며 내용 이해하기

A widow, Mrs. Dashwood, and her three daughters, Elinor, Marianne and Margaret moved in with the Middletons, who are distant relatives. Elinor was sad to leave because she had become close to Edward Ferrars. ❶Elinor and Marianne met Colonel Brandon and John Willoughby. Willoughby courted Marianne and they showed off their love for each other. Willoughby departed for London on business, leaving Marianne lovesick and miserable. Anne and Lucy Steele, relatives of the Middletons, visited Barton Park, which was the Middletons' home.

Lucy and Elinor became close friends. ❷Lucy told Elinor that she was secretly engaged to Edward Ferrars. Later, when Edward's mother found out that he was engaged, she decided to leave her fortune to Robert, Edward's younger brother, when she dies.

Elinor and Marianne traveled to London, where everyone was talking of Marianne's engagement to Willoughby. Willoughby, however, denied that he ever had any feelings for Marianne. Brandon explained that Willoughby was callous and corrupt. Having squandered his fortune, Willoughby became engaged to Miss Grey, a wealthy woman.

Marianne developed a severe cold and became deathly ill. When Willoughby heard of this, he visited her and asked forgiveness. ❸It turned out that Lucy actually married Robert Ferrars, not Edward. Edward and Elinor were married, as were Marianne and Brandon.

Voca Check

widow 미망인 | court 구애하다 | lovesick 상사병의, 사랑으로 괴로워하는 | miserable 비참한 | be engaged to ~와 약혼하다 | fortune 재산 | callous 무심한, 냉담한 | corrupt 부패한, 타락한 | squander 낭비하다, 탕진하다 | develop a cold 감기에 걸리다 | ask forgiveness 용서를 구하다 | It turned out that 결국 ~임이 드러나다

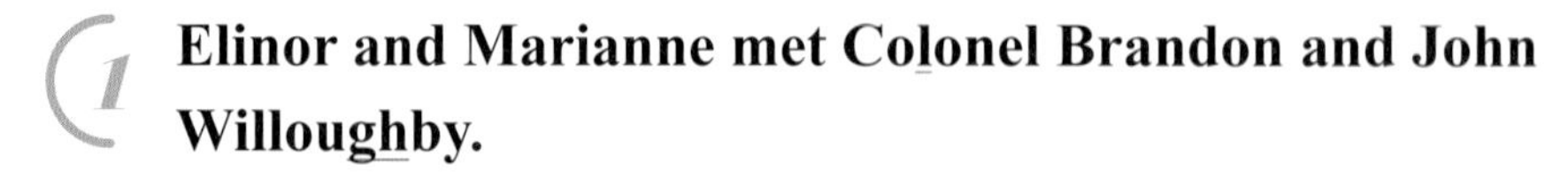

1 Elinor and Marianne met Colonel Brandon and John Willoughby.

발음 Colonel과 Willoughby에서 각각 l과 gh는 묵음이에요. 따라서 [커-늘], [윌러우-비]라고 발음해요.

2 Lucy told Elinor↘ that she was secretly engaged↗ to Edward Ferrars.↘

억양·강세 영어 문장을 읽을 때 많이 사용하는 억양 조절 방식 중의 하나는 처음에 점차 억양을 내려주며 읽다가, 그 다음에 억양을 점차 올리고, 다시 끝부분에서 억양을 내리는 방법이에요. 문장의 억양 처리에 익숙하지 못한 사람들은 알아두면 유익한 요령이에요. 마찬가지로, 이 문장 역시 첫 부분인 Lucy told Elinor에서 억양을 점차 내리고, 중간 부분인 that she was secretly engaged에서는 서서히 억양을 올리고, 끝 부분인 to Edward Ferrars에서 다시 억양을 내리는 방식으로 발음하죠. 여기선 '비밀리에 약혼을 했다'라는 사실을 강조하기 위해 secretly를 특히 강하게 발음하고 있어요.

3 It turned out that Lucy actually married Robert Ferrars,↘ not Edward.↗

억양 '에드워드가 아닌 로버트 페라스와 결혼한 것이 의외의 소식'이라는 뉘앙스를 잘 전달하려면 어떻게 말해야 할까요? 바로 억양 조절을 통해 가능하죠. 즉, Robert Ferrars에서 억양을 내렸다가, not Edward에서 억양을 올리면 된답니다.

Step 2 **Listen & Repeat**
스크립트 보고, 오디오 들으며 큰 소리로 따라 말하기 (5회)

1 ☑ 2 ☐ 3 ☐ 4 ☐ 5 ☐

Step 3 **Shadowspeak**
스크립트 없이, 오디오만 들으며 큰 소리로 따라 말하기 (7회)

1 ☑ 2 ☐ 3 ☐ 4 ☐ 5 ☐ 6 ☐ 7 ☐

Read Aloud
스크립트만 보고, 오디오 없이 큰 소리로 따라 말하기 (7회)

1 2 3 4 5 6 7

필요하면 오디오를 듣고, 정확한 발음을 확인한 후, 따라 말하기 연습을 하세요.

/ 끊어 읽기 ↗↘ 억양 **볼드** 강세를 두어 읽는 부분 ‿ 연음

A **widow, Mrs. Dashwood**, / and her **three daughters**, / **Elinor**, / **Marianne** / and **Margaret** / **moved** in with the **Middletons**, / who are **distant relatives**.

Elinor was **sad** to **leave** / **because** she had become **close** to **Edward Ferrars**.

Elinor and **Marianne met Colonel Brandon** / and **John Willoughby**.

Willoughby courted Marianne / and they **showed off** their **love** for **each other**.

Willoughby departed for **London** on **business**, / **leaving Marianne lovesick** / and **miserable**.

Anne and **Lucy Steele**, / **relatives** of the **Middletons**, / **visited Barton Park**, / **which** was the **Middletons' home**.

Lucy and **Elinor** / became **close friends**.

Lucy told Elinor↘/ that she was **secretly engaged**↗/ to **Edward Ferrars**.↘

Later, / when **Edward's mother found out** that he

was **engaged**, / she **decided** to **leave** her **fortune** to **Robert**, / **Edward's younger brother**, / when she **dies**.

Elinor and **Marianne traveled** to **London**, / where **everyone** was **talking** of **Marianne's engagement** to **Willoughby**.

Willoughby, **however**, / **denied** that / he **ever** had **any** **feelings** for **Marianne**.

Brandon explained that / **Willoughby** was **callous** / and **corrupt**.

Having **squandered** his **fortune**, / **Willoughby** became engaged to **Miss Grey**, / a **wealthy woman**.

Marianne developed a **severe cold** /and became **deathly ill**.

When **Willoughby heard** of this, / he **visited** her / and **asked forgiveness**.

It **turned out** / that **Lucy** actually **married Robert Ferrars**, / **not Edward**.

Edward and **Elinor** were **married**, / **as** were **Marianne** and **Brandon**.

Extra-Step

Wrap-Up. Speak

반복해서 따라 읽은 내용을 기억하여 말하기

A widow, Mrs. Dashwood, and her three daughters, Elinor, Marianne and Margaret moved in with the Middletons, ...

Elinor was .... because she had become close to Edward Ferrars.

Elinor and Marianne .... Colonel Brandon and John Willoughby.

Willoughby courted Marianne and they .... their love for each other.

Willoughby departed for London .... , leaving Marianne lovesick and miserable.

Anne and Lucy Steele, ... , visited Barton Park, which was the Middletons' home.

Lucy and Elinor became ....

Lucy told Elinor that she was .... Edward Ferrars.

Later, when Edward's mother found out that he was

engaged, she decided .... to Robert, Edward's younger brother, when she dies.

Elinor and Marianne ...., where everyone was talking of Marianne's engagement to Willoughby.

Willoughby, however, denied that he ever .... Marianne. Brandon explained that Willoughby was callous and corrupt.

...., Willoughby became engaged to Miss Grey, a wealthy woman.

Marianne .... and became deathly ill.

When Willoughby heard of this, he visited her and ....

It .... that Lucy actually married Robert Ferrars, not Edward.

Edward and Elinor were married, ... Marianne and Brandon.

Oliver Twist

올리버 트위스트(찰스 디킨스 지음)

day 97	starting time	y m d :
	finishing time	y m d :
	Total	min.

day 98	starting time	y m d :
	finishing time	y m d :
	Total	min.

Oliver Twist

MP3 049

Listen

오디오를 들으면서 끊어 읽어야 하는 부분에 슬래시(/) 표시를 하며 내용 이해하기

Oliver Twist was born in a workhouse in 1830's England. His mother died very soon after, and Oliver went to a badly-run home for orphans. Nine years later, he was transferred to a workhouse for adults.

①He was eventually sold off as an apprentice to a local undertaker, but ran away and traveled toward London. He met Jack Dawkins, a boy his own age, who worked for Fagin. Fagin was a criminal who taught young orphan boys to pick pockets.

A sickly and feverish Oliver was caught while stealing a handkerchief from Mr. Brownlow. Rather than pressing charges, Brownlow took Oliver home and nursed him back to health. Two young adults in Fagin's gang, Bill and his lover Nancy, captured Oliver and returned him to Fagin.

②In a burglary attempt, Oliver was shot, then taken in by the woman of the house. Her name was Mrs. Maylie and she lived with her beautiful, adopted niece, Rose. Fagin and Monks wanted to recapture Oliver. Nancy told Rose of the plan.

In the meantime, Mr. Brownlow confronted Monks and found out that Monks was Oliver's half-brother. Their father was unhappily married to a wealthy woman and had an affair with Oliver's mother. Monks had pursued Oliver to ensure that Oliver would never receive his share of the family inheritance. ③Brownlow forced Monks to sign over to Oliver, his rightful share. Moreover, it turned out that Rose was Oliver's aunt.

Fagin was hanged for these crimes. Finally, Brownlow adopted Oliver and they, along with the Maylies, moved to the countryside.

Voca Check

workhouse 빈민 구제원 | badly-run 관리가 엉망인 | orphan 고아 | apprentice 도제, 견습생 | undertaker 장의사 | criminal 범인, 범죄자 | pick pockets 소매치기를 하다 | press charges 고소를 고집하다 | burglary 강도 | adopted niece 수양 조카딸 *cf.* adopt 입양하다 | in the meantime 한편(= meanwhile) | confront 마주 대하다 | half-brother 이복형제 | inheritance 유산, 상속 | sign over to 서명을 하고 ~에게 넘겨주다 | rightful 합법의, 정당한 | be hanged for ~로 교수형을 당하다

낭독 코치의 족집게 조언

1 **He was eventually sold off as an apprentice to a local undertaker, but ran away and traveled toward London.**

연음 이 문장에서 sold off, as an apprentice, ran away를 각각 단어들을 따로 떨어뜨려 발음하면 왠지 딱딱하고 어색하게 들리죠. 발음하기도 힘들고요. 위에 표시되어 있는 것과 같이 자연스럽게 이어서 발음하세요.

2 **In a burglary attempt,↘ Oliver was shot,↗ then taken in↘ by the woman of the house.↗**

억양 문장 첫 부분에서 억양을 점차 내려주며 읽다가, 그 다음에 억양을 올리고, 다시 억양을 내리는 식으로, 억양 처리 방법을 약간 변형하여 사용하고 있어요. 즉, 첫 부분인 In a burglary attempt에서 억양을 점차 내리다가, Oliver was shot에서 억양을 올리고, then taken in에서 다시 억양을 내렸다가, 끝 부분인 by the woman of the house에서 다시 억양을 올리는 방식으로 발음해요.

3 **Brownlow forced Monks / to sign over to Oliver, / his rightful share.**

끊어 읽기 force, recommend, encourage, convince와 같이 그 다음에 '사람 목적어+to부정사' 형태의 구문을 사용하는 동사들은 보통 to부정사가 시작되는 전치사 to 앞에서 잠시 끊어 읽기를 해요. 이 문장에서 to부정사를 본래 어순대로 쓰자면 to sign over his rightful share to Oliver라고 해야 해요. 그런데 목적어인 his rightful share를 강조하기 위해 맨 끝에 쓴 거지요. 그리고 강조의 의미를 효과적으로 전달하기 위해 his rightful share 앞에서 짧게 끊어 읽기를 해주죠.

Step 2 **Listen & Repeat**
스크립트 보고, 오디오 들으며 큰 소리로 따라 말하기 (5회)
1 ☑ 2 ☐ 3 ☐ 4 ☐ 5 ☐

Step 3 **Shadowspeak**
스크립트 없이, 오디오만 들으며 큰 소리로 따라 말하기 (7회)
1 ☑ 2 ☐ 3 ☐ 4 ☐ 5 ☐ 6 ☐ 7 ☐

Read Aloud
스크립트만 보고, 오디오 없이 큰 소리로 따라 말하기 (7회)

1 2 3 4 5 6 7

필요하면 오디오를 듣고, 정확한 발음을 확인한 후, 따라 말하기 연습을 하세요.

/ 끊어 읽기 억양 **볼드** 강세를 두어 읽는 부분 연음

Oliver Twist was **born** in a **workhouse** / in **1830's England**.

His **mother died** very soon **after**, / and **Oliver went** to a **badly-run home** for **orphans**.

Nine years later, / he was **transferred** to a **workhouse** for **adults**.

He was **eventually sold** off / as an **apprentice** / to a **local undertaker**, / but **ran away** and **traveled** toward **London**.

He **met Jack Dawkins**, / a **boy** his **own age**, / who **worked** for **Fagin**.

Fagin was a **criminal** / who **taught young orphan boys** / to **pick pockets**.

A **sickly** and **feverish Oliver** / was **caught** / while **stealing** a **handkerchief** from **Mr. Brownlow**.

Rather than **pressing charges**, / **Brownlow took Oliver home** / and **nursed** him **back** to **health**.

Two young adults in **Fagin's gang**, / **Bill** and his **lover**

Nancy, / **captured Oliver** / and **returned** him to **Fagin**.
In a **burglary attempt**, / **Oliver** was **shot**, / then **taken in** / by the **woman** of the **house**.
Her **name** was **Mrs**. **Maylie** / and she **lived** with her **beautiful**, **adopted niece**, / **Rose**.
Fagin and **Monks** / **wanted** to **recapture Oliver**. **Nancy told Rose** of the **plan**.
In the **meantime**, / **Mr**. **Brownlow confronted Monks** / and **found out** / that **Monks** was **Oliver's half-brother**.
Their **father** was **unhappily married** to a **wealthy woman** / and had an **affair** with **Oliver's mother**.
Monks had **pursued Oliver** / to **ensure** that / **Oliver** would **never receive** his **share** of the **family inheritance**.
Brownlow forced Monks / to **sign over** to Oliver, / his **rightful share**.
Moreover, / it **turned out** / that **Rose** was **Oliver's aunt**.
Fagin was **hanged** / for these **crimes**.
Finally, / **Brownlow adopted Oliver** / and **they**, / **along** with the **Maylies**, / **moved** to the **countryside**.

Extra-Step

Wrap-Up. Speak

반복해서 따라 읽은 내용을 기억하여 말하기

Oliver Twist was born in a workhouse ____________.

His mother died ______________________, and Oliver went to a badly-run home for orphans.

Nine years later, he was ______________________________ a workhouse for adults.

He was eventually ____________________________ to a local undertaker, but ran away and traveled toward London.

He met Jack Dawkins, ___________________________, who worked for Fagin. Fagin was a criminal who taught young orphan boys ______________________.

A sickly and feverish Oliver was caught while ___________ _____________ from Mr. Brownlow.

______________________, Brownlow took Oliver home and nursed him back to health.

Two young adults _________________________, Bill and his lover Nancy, captured Oliver and returned him to Fagin.

_________________, Oliver was shot, then taken in by the

woman of the house.

Her name was Mrs. Maylie and she lived with ____________

____________, Rose.

Fagin and Monks wanted to ____________.

Nancy told Rose ____________.

____________, Mr. Brownlow confronted Monks and found out that Monks was Oliver's half-brother.

Their father was ____________ a wealthy woman and had an affair with Oliver's mother.

Monks had pursued Oliver to ensure that Oliver would never ____________.

Brownlow forced Monks ____________, his rightful share.

Moreover, ____________ that Rose was Oliver's aunt.

Fagin was hanged ____________.

Finally, Brownlow ____________ and they, along with the Maylies, moved to the countryside.

For Whom the Bell Tolls

누구를 위하여 종은 울리나(어니스트 헤밍웨이 지음)

day 99	starting time	y m d :
	finishing time	y m d :
	Total	min.

day 100	starting time	y m d :
	finishing time	y m d :
	Total	min.

99 day For Whom the Bell Tolls

MP3 050

Listen
오디오를 들으면서 끊어 읽어야 하는 부분에 슬래시(/) 표시를 하며 내용 이해하기

The story took place in the late 1930's, during the Spanish Civil War.

A guerrilla group, led by Pablo, was behind enemy lines. ❶Robert Jordan was an American explosives expert. He was assigned to blow up an enemy bridge. ❷Pablo was against this plan and Jordan worried that Pablo would betray them. Jordan met Maria, a beautiful Spanish girl, and they immediately fell in love. All guerrillas wanted to kill Pablo, but Jordan did not want to. Pablo's wife Pilar told of how Pablo arranged a massacre. Pablo left the group, then returned, and Jordan realized that he could not trust Pablo.

Jordan shot an enemy soldier who came to camp. Some of the guerrillas, led by El Sordo, kept the enemy's horse, then went out to look for more. El Sordo's men were ambushed by the enemy and killed. Through all of this, Jordan and Maria took the time to discuss their future. Jordan sent a young guerilla to General Golz with news of El Sordo's defeat and a request that the offensive be canceled. The message did not reach General Golz in time.

Pablo stole some dynamite and disappeared. He returned later with five men and Jordan became confident they could accomplish their mission. At dawn the next day, they blew up the bridge. Many of the guerrillas were killed, including Jordan's guide and friend. Jordan was injured when his horse fell on his leg. ❸Despondent, Maria tried to convince Jordan to allow her to stay with him, but he refused. While the others escaped, Jordan stayed behind, to delay the advancing enemy.

Voca Check

take place 발생하다(= happen, occur) | the Spanish Civil War 스페인 내란(1936~1939) | explosives expert 폭파 전문가 | be assigned 임무를 부여받다 | blow up 폭파하다 | betray 배신하다 | immediately 곧, 즉시(= at once) | arrange a massacre 대량 학살을 준비하다 | ambush 매복하다 | defeat 패배 | request 요청 | offensive 공격 | in time 제때에 | accomplish one's mission 임무를 완수하다 | be injured 부상을 당하다 | despondent 풀이 죽은, 낙담한 | convince 납득시키다

낭독 코치의 족집게 조언

1 **Robert Jordan was an American explosives expert.**

발음·연음 Robert를 [로버트]라고 읽으면 전형적인 콩글리쉬 발음이에요. write와 patriot처럼 앞 음절에 강세가 있으면서 -t나 -te가 단어 맨 끝에 사용된 경우는 -t나 -te를 마치 시옷 받침(ㅅ)처럼 발음해요. 즉, [롸이트], [패트뤼어트]라고 하지 않고 [롸잇], [패트뤼엇]처럼 발음하죠. 마찬가지로 Robert 역시 [롸버트]가 아니라 [롸벗]처럼 발음해요. 그리고 was an American은 전형적인 연음 발음을 하는 경우에요. 그러므로 세 단어를 각각 딱딱하게 발음하지 말고 자연스럽게 이어서 발음하세요.

2 **Pablo was against this plan and Jordan worried that Pablo would betray them.**

리듬 이 문장에서 내용어(Content Word)에 해당하는 단어들은 Pablo, against, plan, Jordan, worried, Pablo, betray 등이에요. 보통 전치사들은 기능어(Function Word)로 취급해 약하게 발음하지만 이 문장의 against처럼 '반대하다'라는 동사적 의미를 내포하고 있는 전치사의 경우에는 예외적으로 내용어 취급을 하여 강하게 발음한다는 것도 기억하세요.

3 **Despondent, / Maria tried to convince Jordan / to allow her to stay with him, / but he refused.**

끊어 읽기 앞서 force, recommend, encourage, convince와 같이 그 다음에 '사람 목적어+to부정사' 형태의 구문을 사용하는 동사들은 보통 전치사 to 앞에서 잠시 끊어 읽는다고 했어요. 원어민 역시 이 문장을 읽으면서 to 앞에서 잠깐 쉬었는데 거의 느끼지 못할 정도로 아주 짧게 쉬었죠.

Step 2 ***Listen & Repeat***
스크립트 보고, 오디오 들으며 큰 소리로 따라 말하기 (5회)

1 ☑ 2 ☐ 3 ☐ 4 ☐ 5 ☐

Step 3 ***Shadowspeak***
스크립트 없이, 오디오만 들으며 큰 소리로 따라 말하기 (7회)

1 ☑ 2 ☐ 3 ☐ 4 ☐ 5 ☐ 6 ☐ 7 ☐

Read Aloud

스크립트만 보고, 오디오 없이 큰 소리로 따라 말하기 (7회)

필요하면 오디오를 듣고, 정확한 발음을 확인한 후, 따라 말하기 연습을 하세요.

/ 끊어 읽기 　 억양 　 **볼드** 강세를 두어 읽는 부분 　 연음

The **story took place** in the **late 1930's**, / during the **Spanish Civil War**.

A **guerrilla group**, / led by **Pablo**, / was behind **enemy lines**.

Robert Jordan / was an **American explosives expert**.

He was **assigned** to **blow up** an **enemy bridge**.

Pablo was **against** this **plan** / and **Jordan worried** / that **Pablo** would **betray** them.

Jordan met **Maria**, / a **beautiful Spanish girl**, / and they **immediately fell** in **love**.

All guerrillas wanted to **kill Pablo**, / but **Jordan** did **not want to**.

Pablo's wife Pilar / **told** of how **Pablo** / **arranged** a **massacre**.

Pablo left the **group**, / then **returned**, / and **Jordan realized** / that he could **not trust Pablo**.

Jordan shot an **enemy soldier** / who **came** to **camp**.

Some of the **guerrillas**, / led by **El Sordo**, / **kept** the

enemy's horse, / then **went out** to **look** for **more**.

El Sordo's men / were **ambushed** / by the **enemy** / and **killed**.

Through all of **this**, / **Jordan** and **Maria** / **took** the **time** to **discuss** their **future**.

Jordan sent a **young guerilla** to **General Golz** / with **news** of **El Sordo's defeat** / and a **request** / that the **offensive** be **canceled**.

The **message** did **not reach General Golz** / in **time**.

Pablo stole some **dynamite** / and **disappeared**.

He **returned** later with **five men** / and **Jordan** became **confident** / they could **accomplish** their **mission**. At **dawn** the **next day**, / they **blew up** the **bridge**.

Many of the **guerrillas** were **killed**, / **including Jordan's guide** and **friend**.

Jordan was **injured** / when his **horse fell** on his **leg**.

Despondent, / **Maria tried** to **convince Jordan** / to **allow** her to **stay** with **him**, / **but** he **refused**.

While the **others escaped**, / **Jordan stayed behind**, / to **delay** the **advancing enemy**.

Extra-Step

Wrap-Up. Speak

반복해서 따라 읽은 내용을 기억하여 말하기

The story ______________________ in the late 1930's, during the Spanish Civil War.

A guerrilla group, ______________, was behind enemy lines.

Robert Jordan was ______________________.

He was assigned to ______________________.

Pablo was against this plan and Jordan worried that Pablo would ______________________.

Jordan met Maria, a beautiful Spanish girl, and they ______________ fell in love.

All guerrillas wanted to kill Pablo, but Jordan ______________.

Pablo's wife Pilar told of how Pablo ______________.

Pablo left the group, then returned, and ______________ that he could not trust Pablo.

Jordan ______________________ who came to camp.

Some of the guerrillas, led by El Sordo, kept the enemy's horse, then went out ______________________.

El Sordo's men __________ by the enemy and killed.

__________, Jordan and Maria took the time to discuss their future.

Jordan sent a young guerilla to General Golz with news of El Sordo's defeat and a request that __________.

The message did not reach General Golz __________.

Pablo stole some dynamite and __________.

He returned later with five men and Jordan became confident they could __________.

At dawn the next day, they __________.

Many of the guerrillas were killed, __________ Jordan's guide and friend.

Jordan was injured when his horse __________.

Despondent, Maria tried __________ to allow her to stay with him, but he refused.

While the others escaped, Jordan __________, to delay the advancing enemy.

Chapter 01
PICTURE Telling

Day
1+2
p.20

Love Your Lego 레고 사랑

이게 진짜로 찍히는 카메라라는 게 믿겨지나요? 그런데 사실이에요. 정말로 찍힌다구요. 놀랍지 않나요? 걱정 말아요. 레고 블록들은 무너지지 않아요. 원한다면 카메라 꼭대기에 레고 조각들을 더 쌓을 수도 있어요. 레고로 재미있는 걸 만들어본 적이 있나요? 이 카메라에서 몇 가지 색깔이 보이죠? 어떤 사진들을 찍고 싶나요? 레고는 1940년대 한 덴마크 장난감 제작자의 허름한 상점에서 발명되어졌지요. 와, 그 사람은 분명히 아주 창의적이었을 거예요. 아마도 여러분의 레고 수집품에 이 카메라가 포함될 것 같네요.

Day
3+4
p.26

Shopping Is Fun 재미있는 쇼핑

이 사진 속에서 많은 것들을 볼 수 있어요. 지금 무슨 일이 일어나고 있는 걸까요? 맞아요. 쇼핑을 하고 있는 중이에요. 아빠가 아들을 위해 무언가를 사고 있어요. 그게 뭔지 짐작이 가나요? 기저귀 한 봉지를 들고 있는 것 같아요. 와, 고를 수 있는 기저귀들이 너무 다양하게 많네요. 기저귀 한 봉지가 얼마인지 궁금해지네요. 혹시 아세요? 꼬마 아이가 입고 있는 반코트가 멋져요. 반코트에서 햇빛 그림이 보이죠? 한번 자세히 들여다봐요. 그리고 녹색 셔츠 위에 그려진 공이 무슨 공이죠? 아마 또 꼬마 아이는 이 매장에서 축구공을 찾을 거예요. 자, 이제 기저귀 값을 지불하러 갈 시간이에요.

Day
5+6
p.32

Traffic Light 신호등

주의! 멈춤! 좌회전! 직진! 자전거 조심! 이 알록달록한 기계는 언제 멈춰서고 가야 하는지를 말해줘요. 어떤 색이 "멈춤"인가요? 어떤 색이 "직진"이죠? 아, 좌회전 신호등이 빨간불이니까 멈춰 서세요. 이봐요, 녹색 신호등은 지금 직진해도 된다는 뜻이에요. 신호등을 지키지 않으면 어떻게 되나요? 절대 안돼요. 사고가 날 걸요. 이 번쩍이는 불빛들은 파티를 위한 게 아니에요. 이것들은 중요한 일을 수행하는 신호등이에요. 이것들은 계속해서 자전거와 자동차들이 제때 제 방향으로 갈 수 있도록 해줘요. 이런 신호등은 전 세계에서 사용되고 있어요. 그리고 어느 곳에서나 똑같은 방식으로 작동하죠.

Day 7+8 p.38

Super-dog 슈퍼 독

안녕, 제 이름은 슈퍼 독이에요. 저는 위대한 슈퍼 영웅이에요. 근사해 보이죠, 그죠? 전 이 세상에서 가장 인기 많고 힘 센 개예요. 저는 제트 비행기보다도 빨리 날 수 있어요. 거대한 공룡 뼈들도 입으로 들어 올릴 수 있다구요. 또 기차보다도 빨리 달려요. 그리고 여러분 같은 사람을 도와야 될 때는 슈퍼 독 복장을 하죠. 내 슈퍼 독 옷이 맘에 드나요? 제 옷에 있는 세 가지 색깔들이 뭔지 보여요? 맞았어요. 잘 했어요. 제 옷 색깔들은 빨강, 파랑, 그리고 노랑이에요. 그것들은 제가 가장 좋아하는 색깔들이죠. 전 개에 대한 책들을 읽는 걸 좋아해요. 하지만 고양이에 관한 책들은 안 좋아해요. 여러분은 어떤 종류의 책을 읽는 걸 좋아하나요? 그럼 안녕. 슈퍼 키드가 되세요!

Day 9+10 p.44

Bike Ride 자전거 타기

바깥으로 나갑시다. 화창한 멋진 날이에요. 자전거가 타고 싶어요. 전 손잡이를 붙들지 않고도 자전거를 탈 수 있어요. 당신은요? 자전거 타기는 돌아다니는 데 최고에요. 얼마나 빨리 자전거를 탈 수 있나요? 어떤 자전거를 타시죠? 전 사진 속의 사람들처럼 산악자전거가 있어요. 산악자전거를 타면 늘 기분이 상쾌해져요. 그런데 헬멧을 쓰는 걸 잊지 마세요. 안전해야 하니까요. 아무튼 좋은 운동이에요. 벌써 피곤해요? 아, 물을 좀 챙기고. 자전거를 타고 어디로 갈까요? 강 옆을 지나치며 공원 가는 길로 자전거를 타고 갈래요. 자전거를 타고 가면서 보고 즐길 게 무척 많죠. 자, 그럼 갑시다!

Day 11+12 p.50

Train Ride 기차 여행

칙칙폭폭! 여러분 모두 승차해주세요! 환상적인 기차 여행을 떠날 시간이에요. 우리 기차는 로키 산맥을 두루 지나는 환상적인 여행을 떠나요. 경치를 좀 보세요. 와, 저 큰 산들 좀 봐요. 푸른 숲도 좀 보세요. 또 뭐가 보이나요? 기차의 꼭대기 층이나 아래 칸에 앉을 수도 있어요. 또 기차에서 잘 수도 있고, 음식을 주문할 수도 있어요. 캐나다에는 기차가 많지 않아요. 이 기차를 '로키 마운티니어'라고 부르죠. 이 기차는 총알 열차처럼 빨리 달리지 않아요. 사람들이 멋진 바깥 경치를 구경할 수 있도록 천천히 달리죠. 특별한 기차로 관광객들에게 아주 인기가 많아요. 기차 여행은 로키 산맥을 구경하는 좋은 방법이에요.

Day 13+14 p.56

See You at the Movies 영화관에서 봐요

이 웃기는 (옷차림의) 아이는 누구죠? 어디에 있나요? 뭘 하고 있죠? 커다란 안경을 끼고 큰 팝콘 봉투를 들고 있네요. 아, 이제 알겠어요! 영화관에 있군요. 그런데 어떤 영화를 보고 있는지 궁금해지네요. 아마 무서운 영화나 웃기는 영화겠죠. 특별한 영화를 보고 있는 것 같아요. 3D용 특수 안경을 쓰고 있잖아요. 엄청나게 히트한 영화인 〈아바타〉를 본 적이 있나요? 역시 3D 특수 안경을 쓰고 〈아바타〉를 볼 수 있지요. 저, 그런데 이 아이가 팝콘을 나눠 먹을까요? 팝콘을 보니 갑자기 목이 마르네요. 설마 나랑 음료수는 나눠 먹겠죠. 쉿, 조용히 해요. 우린 지금 영화를 보고 있잖아요.

Day
15+16
p.62

I'm Lovin' It 그거 좋아해요

냠냠! 패스트푸드 좋아하는 사람? 배고파요? 맥도널드 음식 중 가장 좋아하는 게 뭐예요? 전 빅 맥하고 밀크 쉐이크를 좋아해요. 이 사람들이 오늘 뭘 먹고 있는 거죠? 빅 맥과 맥 너깃, 콜라 두 개, 감자튀김 두 봉지, 그리고 콘 컵 하나가 보이네요. 뭐 또 빠뜨린 게 있나요? 예, 케첩과 카레 소스도 보이네요. 드라이브 스루(자동차 안에서 음식을 주문하는 서비스)를 애용하나요, 아니면 식당에 앉아서 먹는 걸 좋아하나요? 맥도널드의 금빛 문자인 "M"은 전 세계 사람들이 모두 알아봐요. 1940년 미국 캘리포니아에서 두 형제가 첫 번째 맥도널드 식당을 오픈했어요. 자신들의 음식이 이렇게 인기를 얻게 될 줄 맥도널드 형제가 과연 알았을까요? 와!

Day
17+18
p.68

Airplane Food 기내 음식

재미있는 사진이네요. 여기가 어디 같나요? 한번 맞혀 봐요. 맞았어요. 비행기에요. 아마 747 점보 비행기 안인 것 같은데요. 자세히 좀 들여다봐요. 747이란 숫자가 보이죠? 잘 했어요. 드디어 찾아냈군요. 앞좌석에 꽂혀있는 잡지 표지에 있잖아요. 어떤 비행기 여행은 정말 오래 걸려요. 당연히 배가 고프죠. 식사 시간이에요. 와, 오늘 나온 음식들을 모두 한번 봐요. 닭고기와 밥이 보이구요. 아, 해물과 샐러드도 있네요. 또 마실 사과 주스도 보이네요. 디저트는 뭘까요? 음, 푸딩이나 요구르트 종류 같네요. 혹시 또 빠뜨린 게 있나요? 비행기 기내식이 작은 용기 안에 담겨져 나오는 걸 보면 정말 놀라워요. 그런데 모든 사람이 똑같은 식사를 제공 받는지 궁금해요... 아무튼 먹고 보죠.

Day
19+20
p.74

Off to School 학교 가기

좋은 아침! 학교 갈 시간이에요. 서둘러 책가방을 챙기도록 해요. 스쿨버스가 곧 우릴 태우러 올 거예요. 보여요? 무슨 색깔이죠? 네, 노란색이예요. 그런데 스쿨버스가 왜 노란색인지 알아요? 노란색은 다른 어느 색깔들 보다 가장 눈에 빨리 띄어요. 사람들은 노란색 물체들을 가장 먼저 알아채죠. 그래서 스쿨버스가 노란색이에요. 야아, 버스에 자리가 많네요. 아이들은 학교 가는 게 흥분되죠. 때로 버스에서 노래도 불러요. 스쿨버스에서 뭘 하고 싶나요? 참, 버스에 붙어 있는 빨간색 멈춤 표지판을 좀 봐요. 이건 다른 자동차들에게 아이들이 스쿨버스를 탈 수 있도록 멈추라는 표시에요. 우리 버스 기사 아저씨는 무지 친절해요. 매일 똑같은 시간에 우릴 태우러 오죠. 그리고 또 우리를 내려주고요. 자, 이제 버스를 탑시다!

Day 21+22 p.80

Everybody Loves Taekwondo 모두 태권도를 좋아하죠

여러분 조심해요! 이 사람들 근처에 가지 말아요. 이 사람들이 지금 뭘 하고 있죠? 싸우고 있나요? 왜 똑같은 옷들을 입고 있죠? 네, 함께 태권도를 연습하고 있는 거군요. 나이가 모두 같을까요? 빨강, 초록, 주황, 노랑, 그리고 하얀색 벨트들이 보이네요. 야아, 이런 특별한 색깔들이 뭘 의미할까요? 각 색깔들은 그 사람이 닦아온 수련의 정도를 나타내죠. 태권도는 한국인들이 발명한 격투기 스포츠에요. 세계에서 가장 인기 있는 격투기이죠. 가라데나 유도 보다도 더 많은 사람들이 태권도를 하죠. 태권도란 말은 "발과 주먹의 도(道)" 혹은 "발로 차고 주먹으로 때리는 도(道)"를 뜻해요. 정말 재미있을 것 같아요.

Day 23+24 p.86

Rainbow 무지개

오늘 하늘에 놀라운 게 있네요. 보이나요? 무지개예요. 태양이 빛나고 또 비가 있으면 하늘에서 무지개를 볼 수 있지요. 와, 무지개가 두 개예요. 무지개의 색깔들을 모두 셀 수 있나요? 한 번 세어보도록 해요. 무지개는 일곱가지 색깔이에요. 빨강, 주황, 노랑, 초록, 파랑, 남색, 보라색이에요. 어떤 색을 가장 좋아하나요? 전 무지개 중 초록색이 정말 좋아요. 무지개는 어떻게 생기나요? 햇빛과 물이 무지개를 만들죠. 검정색은 빛이 없다는 말이니까, 무지개엔 검정색이 없는 거예요. 무지개의 끝을 찾아 나선 적이 있나요? 해봤는데, 결국 찾을 수 없었어요. 멋진 수수께끼죠.

Day 25+26 p.92

Disneyland 디즈니랜드

디즈니랜드에 갈 거예요. 와서 저와 함께 가요. 한번 재미있게 놀아볼래요? 디즈니랜드는 멋진 캐릭터들로 가득 찬 마법과 같은 곳이에요. 봐요, 저기 보이잖아요. 사진에 있는 캐릭터들의 이름을 모두 말할 수 있나요? 최선을 다해 한번 해봐요. 도널드 덕, 미키 마우스, 미니 마우스, 구피, 플루토, 그리고 칩멍크가 보여요. 캐릭터들이 모두 '잠자는 미녀의 성' 바깥에 서 있네요. 와, 거대한 성이에요. 놀이기구와 롤러코스터가 타고 싶어지네요. 아주 재미있어요. 겁내지 말고, 와서 함께 타요. 그리고 함께 여기저기 걸어 다니며 디즈니랜드의 모든 곳을 둘러봐요. 배고프죠? 저도요. 얼른 먹을 걸 사가지고 대형 퍼레이드를 볼 준비를 하죠. 미키 마우스에게 손 좀 흔들어 봐요. 만세!

Day 27+28 p.98

Happy Birthday to You 생일 축하합니다

케이크 먹을 사람? 저요, 저요! 아이스크림도 있겠죠, 그쵸? 생일 축하 파티는 정말 재미있어요. 풍선과 온갖 색깔의 파티 모자가 빠지지 않죠. 이 여자 아이들은 음료수에 작은 우산까지 꼽았네요. 아이들이 생일 축하 노래를 부르는 게 들리나요? 풍선의 개수를 한번 세어 봐요. 제가 세어보니까 아홉 개네요. 어떻게 하면 풍선이 저렇게 공중에 떠있죠? 헬륨 때문이라고 생각했다면 바로 맞추었어요. 헬륨은 공기보다 가벼워서 풍선 안에 집어넣으면 풍선을 공중에 뜨게 해요. 오늘 생일 축하를 받는 여자 아이가 몇 살인지 짐작이 가나요? 힌트를 좀 줄게요. 케이크 위에 있는 촛불들의 개수를 한번 세어 봐요. 여섯 개라구요? 잘 했어요. 여자 아이가 한 번에 촛불을 다 불어 끌 수 있을까요? 그럴 것 같아요. 여러분의 다음 번 생일 파티도 재미있길 바랄게요.

Day
29+30
p.104

Harry Potter 해리 포터

〈해리 포터〉라고 들어봤어요? 그래요, 물론 들어봤을 테죠. 해리는 제이 케이 롤링이 쓴 판타지 소설 시리즈에 나오는 유명한 어린 마법사예요. 책이 아주 유명해져서 영화로도 만들어졌지요. 여기 〈해리 포터〉 영화 포스터를 좀 봐요. 정말 재미있게 보여요. 해리와 그의 친구들인 위즐리와 헤르미온느는 호그와트 마법 학교의 학생들이죠. 그런 학교에 다닌다고 한번 상상해봐요. 와! 해리와 친구들은 함께 여러 가지 모험들을 많이 하게 되죠. 또 해리는 어둠의 마법사인 볼드모트 경과 싸우기도 하지요. 〈해리 포터〉는 67개 나라의 언어로 읽을 수 있어요. 여러분 나라의 말로 한번 읽어봤나요? 〈해리 포터〉와 관련된 사업의 가치가 자그마치 300억 달러가 넘는대요. 부자 마법사가 또 한명 나왔네요.

Day
31+32
p.110

Winter Wonderland 겨울 속 동화나라

연중 가장 추울 때가 언제죠? 맞아요. 겨울이에요. 여전히 바깥에 나가 놀 수 있나요? 그럼요. 겨울에 바깥에서 할 수 있는 재미있는 놀이가 얼마나 많은데요. 눈 내리면 가장 하고 싶은 게 뭐예요? 스키? 썰매? 눈싸움? 옷을 따뜻하게 입고 모험을 할 준비를 하세요. 그런데 이 꼬마 소녀는 눈으로 뭘 하고 싶어하죠? 맞아요. 마음씨 좋은 눈사람을 만들었네요. 눈을 굴려서 덩어리를 만드는 건 어려운 일이에요. 꼬마 소녀는 눈 덩어리를 몇 개나 사용했나요? 눈사람의 팔과 코, 또 눈과 입을 만들기 위해 무얼 사용했는지 알겠어요? 세 개의 커다란 눈 덩어리로 눈사람의 몸을 만들었구요. 자, 봐요, 나뭇가지로 눈사람의 팔을, 공깃돌로 눈과 입을, 당근으로 코를 만들었네요. 이 눈사람은 모자와 목도리도 했네요. 그리고 새로운 친구를 만나 행복해 보이죠? 아마 눈사람의 이름이 '동장군'일 거예요.

Day
33+34
p.116

Hello iPhone 안녕 아이폰

이 멋진 물건이 뭔지 알아요? 아주 작지만 여러 가지 많은 것들을 할 수 있어요. 또 많은 것들이 되기도 하죠.
컴퓨터도 되고 또 카메라, 전화, 영화 재생기, 그리고 음악 재생기도 되지요. 저기 버튼들은 뭘 하는 건지 궁금하네요. 해바라기 모양의 버튼을 터치하면 사진들을 볼 수 있구요. 아이튠즈 버튼으로는 음악을 들을 수 있고, 또 봉투 모양의 버튼을 터치하면 메일을 체크할 수 있지요. 이게 바로 아이폰이에요. 애플이라는 회사가 만든 제

품이죠. 아이폰은 2007년에 처음 시장에 나왔어요. 요즘 아주 인기가 좋죠. 혹시 아는 사람 중에 아이폰을 갖고 있는 사람이 있나요? 예전에 써 본적이 있나요? 사용하기 힘든가요? 그리고 수영할 때 가지고 가도 되나요? 절대 안 돼요. 아이폰은 재미있긴 하지만, 결코 장난감은 아니에요. 그리고 값이 비싸니까 가지고 다닐 때 아주 조심해야 해요. 여러분 또한 작지만 많은 일들을 할 수 있죠. 여러분은 아이폰 보다 더 놀라워요. 그러니까 몸조심 잘 하세요.

Day
35+36
p.122

Snack Time 간식 시간

참 이상한 사진이네요. 뭔지 알겠어요? 스낵 기계 또는 자판기라고 불리는 거예요. 배고플 때 가장 먹고 싶은 스낵이 뭐죠? 그러니까 약 2달러만 있으면 이 기계에서 맛있는 걸 골라 먹을 수가 있어요. 돈을 넣고 나서 원하는 식품이 밑으로 떨어지나 보세요. 때로 스낵이 밑으로 내려오다가 걸려버리게 되면 기계를 흔들어줘야 해요. 배고플 때 먹고 싶은 스낵이 기계에 걸려버리게 되면 정말 씁쓸하죠. 사탕, 초콜릿바, 칩, 탄산음료, 그리고 커피도 사먹을 수 있어요. 여기 스낵들은 몸에는 별로 좋지 않지만 맛은 확실히 좋아요. 어떤 스낵을 고를래요? 제가 가장 좋아하는 건 초콜릿바에요. 초콜릿 바를 너무 많이 먹으면 아마 치과 선생님과 문제가 생길 걸요.

Day
37+38
p.128

Story Time 스토리 타임

책들은 놀라워요. 그렇지 않나요? 여러 종류의 수많은 책들이 있지요. 그래요. 책 속의 이야기들은 우리들을 여러 곳으로 데려가죠. 또 이야기들은 우리에게 많은 것들을 가르쳐줘요. 이 꼬마 소녀는 아빠와 함께 이야기를 읽고 있네요. 특별한 방에서 책을 읽고 있어요. 이 방을 뭐라고 부르는지 알아요? 맞았어요. 도서관이에요. 도서관들은 온갖 종류의 멋진 책들로 가득 차 있어요. 어른들을 위한 책들도 있고 아이들을 위한 책들도 있지요. 도서관에서 책을 빌리고 싶으면 먼저 대출을 위해 이름이 기록되었는지부터 확인해야 해요. 요즘은 많은 도서관에서 대출을 위해 컴퓨터 자동 대출 시스템을 사용하죠. 참, 책은 만기일 전에 반납해야 한다는 것도 꼭 기억해 두세요. 그렇지 않으면 벌금을 물어야 할지도 몰라요. 이 꼬마 소녀가 읽고 있는 이야기가 뭐죠? 잘 맞췄어요. 〈도라 더 익스플로러〉 이야기에요. 어떤 이야기들을 읽는 걸 좋아하나요? 전 모험 이야기를 좋아해요. 책 읽기를 배우는 건 아주 중요해요. 왜냐하면 독서는 책 속의 불가사의를 풀어 놓으니까요.

Day
39+40
p.136

Just Google It 그냥 구글 검색을 해봐

거의 모든 사람들이 구글에 대해 알고 있죠. 구글은 엄청난 인터넷 검색 도구예요. 구글은 인터넷에서 거의 모든 걸 찾을 수 있도록 도와줘요. 마치 마술 같아요. 검색창에 단어나 문장을 입력하면 찾는 걸 바로 볼 수 있지요. 구글로 뭘 검색하고 싶나요? 전 축구를 좋아해요. 축구는 세계에서 가장 인기 있는 스포츠죠. 구글은 축구에 관한 전 세계 온갖 종류의 정보들을 찾는 걸 도와줘요. 구글은 축구 관련 웹사이트들과 축구 사진들, 그리고 축구 동영상들을 찾아줄 거예요. 구글 어스 툴을 사용하면 축구 경기장들을 내려다 볼 수도 있다는 걸 알고 있었나요? 와, 구글은 정말 놀라워요. 여기 구글에 관한 몇 가지 재미있는 사실이 있어요.
- 구글은 1990년대 두 명의 대학생에 의해 만들어졌어요.
- 구글에서는 현재 2만 명이 넘는 직원들이 일하고 있죠.
- 구글의 가치는 수십 억 달러에 달해요.

The Horse and the Ass 말과 당나귀

Day 41+42 p.144

말과 당나귀가 함께 여행을 하고 있었어요. 당나귀는 등에 무거운 짐을 지고 있었죠. 당나귀가 한 숨을 지으며 말했어요. "내가 만약 너라면…" 당나귀는 말이 되고 싶었어요. 왜냐하면 말은 짐을 지지 않았으니까요. 그런데 다음 날 큰 전쟁이 일어나 말이 부상을 입어 거의 죽게 되었어요. 당나귀는 어쨌든 말이 되지 않은 걸 기뻐했죠.

The Ugly Duckling 미운 오리 새끼

Day 43+44 p.150

오리 새끼 한 마리가 농가 헛간에서 태어났어요. 그런데 색깔도 회색빛이고, 유난히 크고, 또 너무 뒤뚱거렸어요. 그래서 다른 동물들이 너무 구박을 하자 오리 새끼는 농가를 떠났어요. 약 1년 후, 오리 새끼는 연못에서 아름다운 백조들을 보았어요. 오리 새끼는 가까이 다가가는 게 겁이 났어요. 하지만 놀랍게도 백조들은 그를 반겨주었어요. 오리 새끼는 연못에 비친 자신의 모습을 뚫어지게 쳐다보고는, 자신 역시 한 마리의 아름다운 백조라는 사실을 알게 되었죠.

The Tree and the Reed 떡갈나무와 갈대

Day 45+46 p.156

옛날에 나무가 갈대에게 뿌리를 땅속 깊이 파묻으라고 말했어요. 또 머리를 공중에 당당히 치켜들라고 말했죠.

그러자 갈대는 이 모습 그대로가 좋다고 말했어요. 어느 날 태풍이 불어와 나무를 넘어뜨렸어요. 나무는 자기가 큰소리 쳤던 일을 후회해야만 했죠. 하지만 갈대는 무사했어요. 세찬 바람에 가지가 휘면서 꼿꼿이 서 있었죠.

Day 47+48 p.162

The Lion's Share 사자의 몫

옛날에 사자가 여우, 자칼, 늑대와 함께 사냥을 갔어요. 그들은 잡은 것을 공평하게 나누기로 약속을 했지요. 그들은 사슴을 발견하고는 잡아먹으려고 죽였어요. 하지만 사자는 자기가 짐승의 왕이므로 모두 갖겠다고 말했어요. 누구도 감히 사자에게 대항하지 못했죠. 그리하여 그들은 "사자는 다른 이들과 함께 일은 하려고 하지만 보상을 나누려고는 하지 않아."라고 말하며 자리를 떴어요.

Day 49+50 p.168

The Fox and the Grapes 여우와 포도

여우가 과수원을 어슬렁거리며 이리저리 걷고 있었어요. 그러던 중 덩굴에 매달린 잘 익은 포도를 보았죠. 여우는 포도가 자신의 갈증을 없애줄 거라고 생각했어요. 그런데 포도 덩굴이 너무 높아서 깡충 뛰어보았지만 결국 포도에 미치지 못했어요. 다시 돌아서서 하나, 둘, 셋 하며 깡충 뛰어보았지만 역시 소용이 없었어요. 여우는 여러 차례 다시 시도해보았죠. 그러나 결국 포기하고 떠나야만 했어요. 그리고 떠나면서 "저 포도는 아마 너무 실거야."라고 중얼거렸죠.

Day 51+52 p.174

The Shepherd's Boy 양치기 소년

한 외로운 어린 양치기 소년이 숲 근처에서 양들을 돌보고 있었어요. 어느 날 그는 "늑대다, 늑대야"라고 소리쳤어요. 그러자 마을 사람들이 그를 도우려고 달려 나왔죠. 그러나 늑대는 없었어요. 그는 사람들과 어울리는 걸 즐거워했죠. 소년은 나중에 같은 시도를 또 하였고, 이번에도 마을 사람들이 다시 도우러 나왔지만 허탕을 쳤죠. 그런데 그 후 진짜로
늑대가 양을 습격하였어요. 소년은 "늑대다, 늑대야"라고 소리쳤지만, 아무도 도우러 오지 않았어요. 마을 사람들은 또 속임수일 거라고 생각했던 거죠. 덕분에 늑대는 양떼들로 푸짐한 식사를 하였어요.

Day 53+54 p.180

Goldilocks and the Three Bears 골디락스와 곰 세 마리

옛날에 곰 가족, 그러니까 엄마 곰, 아빠 곰, 아기 곰이 살았어요. 하루는 그들이 집을 비운 사이에, 골디락스라는 꼬마 아가씨가 집 안으로 들어왔어요. 그리고 그녀는 식탁에 놓여있던 귀리죽들을 먹어보았죠. 그 중 아기 곰의 죽이 그녀의 입맛에 딱 맞았어요. 그래서 그것을 다 먹어버렸죠. 그리고 나서 그녀는 옆의 방으로 들어가 침대들을 보았어요. 큰 침대는 너무 딱딱했고, 중간 크기의 침대는 너무 푹신푹신했지만, 작은 침대가 딱 맞았어요. 그녀는 아기 곰 침대에서 그만 잠이 들고 말았어요. 바로 그 때 세 마리 곰이 집으로 돌아와 집이 엉망진창이 돼 있는 걸 발견했죠. 그리

고 골디락스는 잠에서 깨어나 그들을 보고 달아나버렸어요.

Day
55+56
p.186

The Goose with the Golden Eggs 황금 알을 낳는 거위

옛날에 한 농부가 거위를 갖고 있었어요. 하루는 거위가 낳은 알을 가지러 갔죠. 알을 집어 들자 납덩어리처럼 무거운 거였어요. 그래서 그는 알을 버리려고 했어요. 그런데 다시 생각해보고 나서 알을 집으로 가지고 왔어요.
기쁘게도 순금으로 된 알이라는 걸 알게 되었어요. 매일 금 달걀이 하나씩 새로 생겨났죠. 농부는 금 달걀들을 팔아서 곧 부자가 되었어요. 욕심이 생긴 농부는 금을 몽땅 차지하기 위해 거위를 죽이기로 결심했어요. 그래서 거위를 죽인 후 갈라서 (배를) 열어봤지만 아무것도 발견할 수 없었어요.

Day
57+58
p.192

The Belly and the Members 위와 신체의 다른 기관들

어느 날 신체 기관들에게 이런 생각이 들었어요. '우리가 일은 다 하는데, 위는 혼자 음식을 즐기고 있잖아.' 그래서 회의를 열었죠. 그리고 오랜 토론 끝에 위가 자기 몫의 일을 하는 데 동의할 때까지 파업을 하기로 결정했어요. 손은 음식을 집어 들기를 거부했고, 입은 음식을 받아들이는 것을 거부했고, 따라서 이빨은 아무런 할 일이 없었죠. 곧 그들은 뭔가 원활하지 않다는 걸 알게 되었어요. 각자 자신이 할 일을 제대로 할 수가 없었어요. 그들은 위 조차도 비록 활기가 없고 눈에 띄지는 않지만 신체에 필요한 일을 하고 있다는 사실을 깨닫게 되었죠. 그리하여 그들은 모두 함께 일을 해나가기로 합의하였어요.

Day
59+60
p.198

Sleeping Beauty 잠자는 미녀

왕과 왕비가 아기를 갖게 되었는데, 이름을 오로라라고 지었어요. 많은 손님들이 아기를 보러 왔는데, 그 중에는 세 명의 착한 요정들도 끼어있었어요. 그들 요정의 이름은 메리웨더, 파우나, 플로라였어요. 또 다른 손님으로 어떤 왕이 있었는데 그는 자신의 아들인 필립 왕자를 데리고 왔어요. 사악한 요정 역시 찾아와서는 아기에게 나쁜 마법을 걸었죠. 그녀는 오로라가 물레 바늘에 손가락을 찔려 죽게 될 거라고 말했어요. 다행히 착한 요정들 중 하나가 그 마법을 바꿀 수 있는 능력이 있었어요. 오로라 공주는 죽지 않고 단지 깊은 잠에 빠질 거예요. 그리고 오직 진정한 사랑의 키스만이 그녀를 잠에서 깨울 수가 있어요. 16번째 생일날 밤, 오로라 공주는 손가락을 찔려 잠이 들고 말았어요. 그런데 필립 왕자가 그녀에게 키스를 하자 깨어났지요.

Day
61+62
p.204

Jack and the Beanstalk 잭과 콩나무

잭과 엄마는 배가 고팠어요. 그들은 음식을 살 수 있는 돈이 필요하였으므로 갖고 있던 소를 팔기로 결심했지요. 그러나 그만 잭은 소를 한 줌의 콩과 바꿔버렸어요. 잭의 엄마는 황당해 하며 콩들을 창밖으로 던져버렸어요. 콩들은 자라서 하늘 높이

뻗어나갔어요. 잭은 꼭대기까지 기어 올라가, 거기서 거인의 성을 발견했지요. 거인은 요술 암탉과 황금 하프를 갖고 있었는데, 잭이 그것을 가져버렸어요. 잭은 콩나무 아래로 달려 내려가서는 도끼로 나무를 베어버렸어요. 그러자 거인은 콩나무에서 떨어져 죽고 말았어요. 그 후 요술 암탉이 꼬꼬 울더니 황금 알을 낳았어요. 잭의 엄마는 황금 알을 집어 들고는, "이제 우리도 맛있는 것을 먹을 수 있겠네"라고 말하며 행복해하였어요.

Day
63+64
p.210

Snow White and the Seven Dwarfs 백설 공주와 일곱 난쟁이

옛날에 백설이라고 불리는 한 아름다운 공주가 있었어요. 그녀에게는 사악한 계모가 있었는데, 그녀는 자기가 이 세상에서 누구보다도 아름답다고 생각했지요. 그러나 백설 공주가 더 아름다웠어요. 그래서 계모는 사람을 시켜 그녀를 죽이려고 시도하였어요. 다행히 백설 공주는 계모를 피하여 숲 속에서 일곱 난쟁이들과 함께 살게 되었죠. 그들은 거울이 계모에게 백설 공주가 아직 살아있다고 말해줄 때까지는 모두 행복하게 살았어요. 심술궂은 계모는 행상으로 변장하였어요. 그리고는 일곱 난쟁이가 일하러 나간 사이에 숲 속의 오두막집으로 찾아갔지요. 그녀는 백설 공주에게 독이 든 빨간 사과를 주었어요. 백설 공주는 그 사과를 한 입 베어 먹고는 그만 깊은 잠에 빠졌어요.
난쟁이들은 무척 슬퍼하며 백설 공주를 위해 유리관을 만들었어요. 어느 날 한 왕자가 지나가다가 백설 공주를 보았어요. 그리고 고개를 숙여 그녀에게 키스를 하였어요. 그러자 백설 공주는 깨어났고 그들은 결혼을 하였죠.

Day
65+66
p.216

The Adventures of Pinocchio 피노키오의 모험

옛날에 제페토라는 한 외롭고 늙은 목수가 살고 있었어요. 그는 약간의 나무와 둥근 공, 그리고 실을 가지고 꼭두각시 인형을 만들었어요. 그날 밤, 한 요정이 찾아와서는 꼭두각시 인형이 걷고 말할 수 있도록 요술을 부려주었죠. 제페토는 꼭두각시를 피노키오라고 이름 지었어요. 제페토는 피노키오에게 얼마간의 돈을 주면서 교과서를 사오라고 마을로 보냈어요. 대신 피노키오는 그 돈을 서커스 표를 사는 데 써버렸어요. 요정이 그 돈으로 무엇을 했냐고 물었지만, 피노키오는 그녀에게 거짓말을 해버렸어요. 그때 갑자기 그의 코가 커졌어요.
요정은 "앞으로 거짓말을 할 때마다 네 코가 커질 거야. 자, 이제 제페토 아저씨를 찾으러 가거라. 너를 찾으러 바다로 나가셨다."라고 말했어요. 피노키오는 작은 배를 타고 노를 저어 바다로 나갔어요. 그리고 제페토 아저씨를 고래 안에서 찾아냈어요. 피노키오는 고래가 재채기를 하게 만들고 그 사이에 제페토 아저씨와 함께 달아났어요. 죽다 살아난 피노키오는 다시는 거짓말을 하지 않겠다고 약속했어요. 그러자 요정은 "그 약속을 꼭 지켜라. 그러면 너를 진짜 소년으로 만들어주마."라고 말했죠.

Day
67+68
p.222

Cinderella 신데렐라

옛날에 아름답고 상냥한 한 소녀가 있었어요. 그녀에겐 사악한 계모와 심술궂은 두 명의 배다른 자매가 있었어요. 그들은 신데렐라에게 온갖 집안의 허드렛일을 시켰어요. 신데렐라라는 이름도 그녀가 난로 청소를 하면서 나온 타다 남은 재들에서 붙여진 거예요. 그러던 어느 날, 왕이 아들인 왕자의 아내를 찾아주려고 성대한 무도회를 열었어요. 계모는 신데렐라가 무도회에 가는 것을 허락하지 않았어요. 그런데 신데렐라의 요정 대모가 나타나 마술을 부려 신데렐라에게 무도회에 가는 데 필요한 모든 것을 주었어요. 하지만 마술은 자정이면 끝나버리게 되죠. 그리고 그때까지 신데렐라는 집에 돌아와야 했어요. 무도회에서 신데렐라에게 사랑에 빠져버린 왕자는 그녀의 이름을 물어보았어요. 바로 그때 시계가 자정을 알렸죠. 그러자 신데렐라는 마술이 사라지기 전에 급히 달려 나왔어요. 그런데 너무 서두르는 바람에 집으로

오는 도중에 그만 유리 구두 한 짝을 잃어버렸어요. 왕자는 자신의 진정한 사랑을 찾기 위해 왕국의 모든 집을 찾아 다녔죠. 그리고 모든 아가씨들에게 유리 구두가 맞는지 보려고 신어보게 하였어요. 심술궂은 배다른 자매들에게는 그 유리 구두가 맞지 않았지만, 신데렐라에게는 맞았어요. 왕자는 신데렐라와 결혼해 그 후 행복하게 살았대요.

Day
69+70
p.230

Hansel and Gretel 헨젤과 그레텔

헨젤과 그레텔은 가난한 나무꾼의 자녀들이었어요. 가족이 굶주리게 되자 계모는 아이들을 숲에 내다버리자고 남편을 설득했어요. 헨젤과 그레텔은 그녀의 계획을 듣고는 흰 조약돌을 주워 집으로 돌아오는 길에 흔적으로 남겨 두었어요. 아이들이 다시 돌아오자, 계모는 아이들을 내다버리자고 또 남편을 설득했지요. 하지만 이번에는 집으로 돌아오는 길의 표시로 빵부스러기만을 남겨놓을 수 있었어요. 그런데 불행히도 그만 숲 속의 여러 동물들이 길에 떨어져 있던 빵부스러기들을 먹어버렸어요. 숲 속에서 길을 잃어버린 아이들은 사탕으로 만들어진 한 집을 발견하였어요. 그곳에는 한 늙은이가 살고 있었지요. 그녀는 마녀였는데, 아이들을 통통하게 살찌워 나중에 잡아먹으려고 아이들에게 먹을 것을 많이 주었어요. 여러 날이 지나, 마녀가 바라는 대로 헨젤이 아주 통통해졌어요. 그러자 그녀는 그레텔에게 빵 구울 준비가 됐는지 보러 오븐 안으로 기어 들어가라고 말했어요. 그러나 그레텔은 마녀가 자기를 구우려고 한다는 걸 눈치 챘어요. 그래서 마녀를 속여 오븐에 기어들어가게 하고는 뒤에서 오븐을 닫아 버렸죠. 그리고 나서 아이들은 보석과 음식을 가지고 집으로 달려갔어요. 아이들은 아버지와 다시 만나 그 후 행복하게 살았어요.

Chapter

03

NOVEL Telling

Day
71+72
p.240

Anne of Green Gables 빨강머리 앤

나이가 지긋한 매슈와 마릴라는 독신의 남매였어요. 그들은 캐나다의 프린스 에드워드 섬에 있는 그린 게이블즈라는 농장에서 살았죠. 그들은 농장의 허드렛일을 도와 줄 고아 소년을 한 명 입양하기로 결심했어요. 그런데 고아원에서 실수로 앤 셜리라는 11살짜리 소녀 아이를 보내주었어요. 앤은 말이 많고 낙천적이었지만 예의가 바르지 못했어요. 하루는 앤의 가장 친한 친구인 다이애나가 아팠는데, 앤이 잘못하여 그녀에게 와인을 주었기 때문이었죠. 앤은 매슈와 마릴라의 자랑거리가 되기 위해 학교에서 열심히 공부했어요. 그 결과 그녀는 고등학교에 진학하고 또 장학생으로 대학에도 갈 수 있었어요.

그러나 매슈가 심장 마비로 죽고 마릴라도 눈이 멀게 되었어요. 그러자 앤은 4년제 대학 학위에 대한 그녀의 소망을 포기한 채 그린 게이블즈 농장이 있는 집으로 돌아왔어요. 앤의 어릴 적 경쟁 상대였던 길버트는 그녀의 결정 소식을 듣고는 자신의 애번리 학교 교사 직책을 포기하였어요. 그래서 앤은 그곳에서 가르칠 수 있었고 마릴라를 돌볼 수 있었지요. 비록 장래 진로는 좁아졌지만 앤은 자신의 미래에 대해 낙관적으로 생각했어요.

Day
73+74
p.248

Moby Dick 모비 딕

이야기는 이스마엘이 타고 갈 고래 사냥 배를 찾아 떠나는 데서 시작되지요. 도중에 그는 퀴퀘그라는 작살을 사용하는 한 미개인을 만나게 되지요. 두 사람은 금세 친구가 되었어요. 그들은 피쿼드 호를 타고 항해를 하기로 결심했어요. 피쿼드 호의 선장인 아합은 모비 딕이라 불리는 흰 고래를 사냥하기를 바랬어요. 그 고래에게 다리를 물어 뜯겨서, 아합은 복수하기를 원했어요. 모비 딕에 대한 많은 흥미진진한 이야기들이 들려지죠. 그리고 고래잡이와 고래들에 관한 많은 재미있는 이야기들 또한 들려지지요.

피쿼드 호는 모비 딕을 찾아서 온 바다를 항해하였어요. 그들은 마침내 모비 딕을 발견했어요. 아합은 모비 딕을 죽일 생각에 사로잡혔죠. 드디어 고래 사냥을 시작하였고, 사냥은 3일 동안 계속 되었어요. 결국 고래에 의해 배가 침몰되고, 한 사람을 제외한 배의 선원 모두가 죽었어요. 오직 이스마엘만이 다른 배에 의해 건져져 살아 남았어요. 오직 그만이 남아서 이야기를 들려주었지요.

Day
75+76
p.254

A Farewell to Arms 무기여 잘 있거라

패더릭 헨리는 1차 세계대전 중 이탈리아 군에서 앰뷸런스 운전을 하던 미국인이었어요. 그는 캐서린 바클리라는 한 영국인 간호 보조원을 만나게 되지요. 헨리는 전선에서 부상을 당해 밀라노에 있는 병원으로 옮겨져 회복 중이었어요. 캐서린도 그곳에서 다시 헨리와 만나 그의 회복을 도왔어요. 그들은 곧 열렬히 사랑에 빠졌고, 캐서린은 임신을 하였어요.
헨리는 다시 최전선으로 보내졌어요. 그의 군대는 후퇴할 수밖에 없었고 헨리도 죽을 뻔 하였죠. 그는 부대를 탈출하여 캐서린을 찾아 밀라노로 돌아왔어요. 헨리는 이탈리아의 스트레사라는 마을에서 그녀와 재회하였어요. 그들은 거기서 다시 한번 행복하고 평화롭게 살 수 있는 스위스로 탈출하였어요. 어느 이른 봄날 아침, 캐서린은 아기를 낳기 위해 병원에 갔어요. 그러나 그녀는 이미 뱃속에서 죽은 남자아이를 낳고는, 그날 밤 출혈로 인해 죽었어요. 헨리는 그녀가 숨을 거둘 때까지 그녀 곁에 머물렀어요. 그는 비를 맞으며 다시 호텔로 걸어 왔어요.

Day
77+78
p.262

Dr. Jekyll and Mr. Hyde 지킬 박사와 하이드

존경받는 변호사인 어터슨 씨와 그의 사촌이 함께 산책을 하고 있었어요. 그들은 수상쩍게 보이는 한 문을 우연히 발견했어요. 그 문은 어터슨 씨의 옛 친구인 지킬 박사 집과 연결되어 있는 한 실험실과 통해 있었어요. 어터슨 씨는 지킬 박사의 서재로 가서 그의 유언장을 꺼내보았어요. 유언장은 그가 죽으면 모든 재산을 하이드 모씨라는 사람한테 주라고 쓰여 있었어요. 어터슨 씨는 이상한 생각이 들어 이에 대해 물어보려고 지킬 박사에게 갔어요. 그러나 지킬 박사는 하이드라는 괴상한 친구와의 관련성에 대해 이야기하기를 꺼렸어요. 그로부터 약 1년 후, 창밖을 내다보던 하녀가 어느 남자가 나이든 사람을 때려죽이는 것을 보았어요. 그녀는 살인자가 하이드 씨라는 것을 곧 알아보았어요.
그러나 경찰은 그를 찾지 못했어요. 어터슨 씨는 지킬 박사의 안전이 염려되었으나, 지킬은 걱정하지 말라고 말했어요. 어터슨 씨와 사촌은 다시 산책을 하면서 창문에서 지킬을 보았어요. 지킬은 그들이 보는 바로 앞에서 마치 연극처럼 변신을 하였어요. 그리고 지킬 박사의 실험실에서 하이드 씨가 죽은 채로 발견되었지요. 지킬 박사는 잠시 동안 악마 같은 하이드 씨로 변하게 해주는 약을 먹고 있었어요. 그는 인간이 이중성격을 갖고 있다는 자신의 이론을 시험해 보고 싶었어요. 그는 결국 자신의 선한 면과 악한 면을 분리시키는 데 성공하였죠. 그러나 지킬 박사는 그 약을 다시 만들 수 없다는 걸 곧 알게 되었어요. 그것은 그가 더 이상 자신의 이중생활을 계속할 수 없음을 의미하였죠. 마침내 지킬 박사는 어터슨 씨가 들이닥치기 전에 스스로 목숨을 끊었어요.

Day 79+80 p.270

Gone with the Wind 바람과 함께 사라지다

스칼렛 오하라는 타라라고 불리는 조지아 주의 한 농장에 살고 있었어요. 그녀는 레트 버틀러라는 한 멋진 야심만만한 남자를 만났죠. 그리고 남북전쟁이 시작되었어요. 스칼렛은 그녀가 한때 사랑했던 남자에게 상처를 주려고 찰스 해밀턴이라는 남자와 결혼해버렸어요. 그런데 찰스는 곧 전쟁터에 가서 홍역으로 죽고 말았어요. 스칼렛과 찰스 사이에는 웨이드라는 이름의 아들이 하나 있었어요. 두 사람은 찰스의 누이인 멜라니와 함께 살기위해 애틀란타로 이사를 떠났어요. 그곳에서 스칼렛은 레트와 자주 만나면서 급속히 관계가 가까워졌어요. 그러던 중 멜라니의 남편인 애쉴리가 전쟁에서 포로로 붙잡혔어요.
스칼렛은 임신 중인 멜라니를 돕기로 했어요. 레트는 스칼렛, 멜라니, 그리고 보라는 이름의 멜라니의 아기가 탈출할 수 있도록 도왔어요. 레트는 그들을 떠나보내고 남부 연합군에 입대를 하였죠. 드디어 전쟁이 끝나고 스칼렛은 타라 농장을 다시 지었어요. 그리고 스칼렛은 프랭크와 결혼을 하여 엘라라는 여자 아기를 낳았죠. 또 그녀는 레트에게 돈을 빌려서 제재소를 샀어요. 그런데 프랭크가 KKK단에 의해 죽임을 당했어요. 그러자 스칼렛은 마침내 레트와 결혼을 하여 다시 애틀란타로 이사를 떠났죠. 그리고 둘은 보니라는 이름의 딸을 두었어요. 스칼렛과 레트의 결혼은 행복하게 출발하였지만, 레트는 점점 스칼렛에게 쌀쌀 맞고 무관심하게 대했어요. 그들의 결혼이 깨어지기 시작했어요. 그러던 중 보니가 말에서 떨어져 죽어버렸어요. 스칼렛은 그들의 결혼을 구해보려고 애썼지만, 레트는 그녀를 떠나버렸죠. 그러자 결국 그녀는 다시 타라 농장으로 돌아왔어요.

Day 81+82 p.278

Gulliver's Travels 걸리버 여행기

르뮤엘 걸리버는 영국인 의사였어요. 그는 사업이 실패하자 바다로 나갔어요. 그런데 배가 난파하여 모든 것이 아주 자그마한 릴리푸트라는 소인국에 도착하게 되었어요. 그곳에서 걸리버는 처음에는 죄수였지만 나중에는 영웅이 되고, 또 다시 반역죄로 지명 수배가 되는 신세가 되었어요. 그는 이웃 나라인 블레푸스큐로 탈출하여 그곳에서 배를 수리해 영국을 향해 닻을 올렸어요. 영국에서 두 달 동안 가족과 함께 머문 후, 걸리버는 다음 항해를 시작했지요. 그리고 이번에는 거인국인 브로브딩낙에 도착하였어요. 그 곳에서 그는 한 농부에게 붙잡혀 그의 애완동물이 되었어요. 농부는 다시 걸리버를 여왕에게 팔았어요.
그는 결국 독수리가 그를 태워서 바다에 떨어뜨려주면서 거인들로부터 탈출하였죠. 다음에도 걸리버는 다시 항해에 나섰어요. 그리고 해적들의 공격을 받으면서도 끝내 라푸타라는 날아다니는 섬에 도착하였어요. 그곳 사람들은 아주 똑똑하였지만 현실 감각이 없었어요. 그의 네 번째이자 마지막 여행은 걸리버를 미지의 섬으로 데려다 주었어요. 그곳은 이성적 사고를 하는 말들인 후이넘들이 살고 있는 곳이었어요. 또한 그곳에는 사람 생김새를 한 동물들인 야후들도 살고 있었는데, 그들은 후이넘들의 시중을 들고 있었죠.
걸리버는 후이넘들과 함께 지내고 싶었어요. 그런데 그의 벗은 몸 때문에 그가 야후와 아주 비슷하게 생겼다는 사실을 그만 말들에게 들켜버리고 말았어요. 그리하여 그는 추방되어 다시 고향인 영국으로 돌아왔어요.

Day
83+84
p.286

Jane Eyre 제인 에어

제인 에어는 어린 고아 소녀로 리드 부인의 손에 자라고 있었어요. 리드 부인은 그녀의 숙모였는데, 부자였지만 인정이 없었어요. 리드 부인은 제인을 로우드 학교로 보내 버렸어요. 그런데 로우드에 티푸스 전염병이 돌아서 제인의 친구인 헬렌 번스가 목숨을 잃었어요. 여하튼 제인은 학교를 마치고 나서 2년 동안 로우드에서 가르쳤어요.
그 후 그녀는 손필드 저택에서 명랑한 프랑스 소녀인 아델의 가정교사가 되었어요. 그리고 곧 주인인 로체스터와 사랑에 빠졌어요. 로체스터는 그녀에게 청혼을 하였어요. 하지만 결혼식 날 제인은 로체스터가 유부남이란 사실을 알게 되었죠. 로체스터는 그의 아내가 미쳤다고 해명을 했어요. 그는 아내를 여러 해 동안 자기 집에 숨겨놓고 있었어요. 깊은 고민에 빠진 제인은 결국 손필드 저택을 도망쳐 나왔어요. 돈 한 푼 없이 굶주리던 제인은 밖에서 잠을 자고 음식을 구걸할 수밖에 없었어요. 그런데 세 남매가 제인을 자기들 집에 데리고 갔어요.
그곳에서 제인은 세 남매가 자기 사촌이라는 사실과 그녀가 커다란 액수의 돈을 유산으로 물려받았다는 사실을 알게 되었어요. 하지만 제인은 그녀가 아직 로체스터를 사랑한다는 걸 깨닫고 다시 손필드 저택으로 돌아갔어요.
그러나 손필드 저택은 화재에 의해 완전히 불타고 없어져버렸어요. 그리고 로체스터는 시력과 한 쪽 손을 잃고, 그의 아내도 화재로 죽고 말았어요. 로체스터와 제인은 다시 관계를 회복하여 곧 결혼에 이르렀죠.

Day
85+86
p.294

King Lear 리어 왕

점점 나이가 들어가던 영국의 리어 왕은 자신의 왕국을 세 딸들에게 공평하게 나눠주기로 결심했어요. 하지만 우선 딸들을 시험하기로 하였죠. 그는 각각 세 딸들에게 얼마나 자기를 사랑하는지 말해보라고 물었어요. 첫째와 둘째 딸인 고너릴과 리건은 그에게 아부하는, 하지만 진실하지 못한 대답을 하였어요. 반면 리어 왕이 가장 예뻐하던 막내인 코딜리어는 아버지를 얼마만큼 사랑하는지 표현할 말이 없다고 말했죠. 이 말에 리어 왕은 아주 화가 나서 부녀지간의 인연을 끊어버렸어요. 그래서 코딜리어는 비록 가진 영토가 없더라도 그녀와 결혼하기를 원하던 프랑스 왕과 함께 프랑스로 떠났어요.
리어 왕은 곧 자신이 잘못된 결정을 내렸음을 알았어요. 위의 두 딸들이 그를 속였던 거였죠. 리어 왕은 결국 미쳐버려 도망쳐 달아나 광야에서 떠돌이 생활을 하였어요. 한편 글루스터라는 나이 지긋한 귀족 역시 가족 간의 문제를 갖고 있었어요. 그도 광야로 떠나 거기서 리어 왕을 만났어요. 그는 위험을 무릅쓰고 리어 왕을 돕기로 결심했어요. 그러나 글루스터는 붙잡혀 눈이 멀이져 쫓겨났어요. 그의 아들인 에드가는 변장을 하여 글루스터를 이미 리어 왕이 와있던 도버로 데리고 갔어요. 프랑스 왕과 결혼을 하였던 코딜리어는 아버지를 구하려고 프랑스 군대를 이끌고 도버로 향했어요. 그리고 글루스터의 서자인 에드몬드 역시 코딜리어에 맞서 영국 군대를 이끌고 왔어요. 결국 리어 왕과 코딜리어는 사로잡히고 말았어요. 그리하여 코딜리어는 감옥에서 처형되었고, 이러한 딸의 죽음에 깊이 슬퍼하던 리어 왕 또한 죽어버렸죠.

Day
87+88
p.302

The Merchant of Venice 베니스의 상인

안토니오는 이탈리아의 베니스란 도시의 부유한 상인이었어요. 그의 친구인 바사니오는 부자 상속녀인 포셔에게 멋지게 보이려고 돈이 필요했어요. 안토니오는 자기가 가진 돈을 이미 여러 상선에 투자해놓았기 때문에 돈을 빌려줄 수가 없었어요. 그래서 안토니오와 바사니오는 돈을 빌리러 유대인 고리대금업자인 샤일록을 찾아갔어요. 사실 샤일록은 그의 부정직한 대출 방식에 대해 공공연히 비난을 하던 안토니오를 좋아하지 않았어요. 의외로 샤일록은 바사니오에게 돈을 빌려주는데 동의하였어요. 하지만 만약 대출을 갚지 못하면 안토니오의 1파운드 살에 대한 권리를 샤일록이 갖는다는 한 가지 조건을 붙였어요. 그런데 안토니오의 배들이 바다에서 행방불명되었어요. 이것은 안토니오가 대출을 갚을 능력이 없다는 것을 의미했죠. 그래서 문제가 법정으로 가게 되었어요. 샤일록은 사실 안토니오의 1파운드 살에 대해 권리를 요구할 수 있었어요. 그런데 법률 전문가가 샤일록에게 피가 나오게 해서는 안 된다고 말했죠. 그리고 이 법률 전문가는 사실 남자로 변장을 한 포셔였어요. 계약에 따르면 샤일록이 피에 대한 권리는 없었어요. 결국 샤일록은 아무것도 얻지 못했어요. 더욱이 그는 베니스 시민에 대한 살인 음모죄로 유죄 판결을 받았어요. 사형을 받아야 했지만, 모든 당사자들이 합의하여 다른 처벌을 하기로 했어요.
결국 샤일록은 벌금형에 처해졌고 또 기독교로 개종하기로 하였어요. 곧 이어서 안토니오의 배들이 무사히 다시 돌아왔다는 기쁜 소식이 전해졌어요.

Day
89+90
p.310

Othello 오셀로

이아고는 자신을 군대 부관으로 만들어주지 않은 오셀로 장군을 증오하였어요. 원로원 의원 브라반쇼의 딸인 데스데모나는 오셀로와 함께 도망하여 결혼을 하였어요. 그들은 사이프러스 섬으로 떠났어요. 이아고는 두 사람의 삶을 파멸시킬 계획을 꾸몄어요. 그는 데스데모나를 짝사랑하던 로드리고를 부추겨 캐시오와 결투를 벌이게 하였어요. 이로 인해 캐시오의 명예는 더럽혀졌고, 캐시오는 자신의 이러한 불행을 오셀로 탓으로 돌렸죠. 이아고는 캐시오에게 그를 대신하여 오셀로에게 잘 말해줄 것을 데스데모나에게 부탁해보라고 말했어요. 이아고는 오셀로의 마음에 질

투의 씨앗을 심기를 바랬어요. 그 계획은 효과가 있어, 오셀로는 캐시오와 데스데모나가 관계를 갖고 있다고 의심하였지요.
오셀로는 화가 치밀었지만 두 사람의 관계에 대한 증거를 요구했어요. 그러던 중 데스데모나는 우연히 오셀로가 자기에게 준 손수건을 바닥에 떨어뜨렸어요. 이아고는 그것을 캐시오의 방에 갖다놓고는 그들의 불륜 관계의 증거가 되기를 바랬어요. 이아고와 로드리고는 둘 다 오셀로의 파멸을 원했지만, 이아고는 로드리고를 죽이고 말지요. 그리고 손수건에 대한 이야기를 듣자, 오셀로는 그녀의 부정에 실망하여 자기 아내를 목 졸라 죽였어요. 그런데 그녀의 하녀가 오셀로에게 데스데모나는 결코 부정하지 않았다는 얘기를 들려주었어요. 하녀가 자신의 계획에 대해 말해버리자 이아고는 그녀를 칼로 찔러 죽여 버렸어요. 로드리고가 쓴 편지들 또한 이아고의 전체 음모에 대해 잘 설명해주었어요. 이에 오셀로는 이아고를 칼로 찔렀어요. 하지만 평생 고통 속에서 살도록 그를 죽이지는 않았어요. 그리고 나서 오셀로는 스스로 목숨을 끊었어요.

Day
91+92
p.318

Macbeth 맥베스

스코틀랜드의 던컨 왕은 자신의 두 장군들이 침략군들을 물리쳤다는 소식을 들었어요. 전쟁이 끝난 후 맥베스와 뱅코 장군은 우연히 세 명의 마녀들을 만나게 되었어요. 마녀들은 맥베스가 스코틀랜드 왕위에 오를 것이라고 예언을 했어요. 또 마녀들은 뱅코가 아니라 그의 아들들 역시 스코틀란드의 왕이 될 거라고 예언했죠. 맥베스는 어쩌면 예언이 맞을지도 모른다고 생각했지만, 앞으로 일어날 일들에 대해 확신이 없었어요.
그는 인버네스에 있는 자신의 성으로 던컨 왕을 저녁 식사에 초대하였어요. 맥베스 부인은 그날 저녁 던컨 왕을 칼로 찔러 죽이자고 남편을 설득하였어요. 그녀는 그 예언이 이루어질 거라고 확신하고 있었어요. 맥베스 부부는 던컨 왕의 두 시종들을 술에 취하게 하고는 왕의 살해를 그들에게 덮어 씌웠어요. 그리고 맥베스는 왕의 죽음에 대한 복수와 자신이 왕이 되기 위해 그들을 죽였어요. 그러나 그는 어쩌면 예언대로 뱅코의 아들들이 자기의 왕위를 빼앗을지 모른다고 두려워하였어요. 그래서 맥베스는 뱅코와 그의 아들인 플리언스를 죽이기로 계획을 세웠죠. 그런데 뱅코는 죽였지만 플리언스는 도망쳐버렸어요. 그러던 어느 저녁 연회에서 뱅코의 유령이 맥베스를 찾아왔어요. 그리고 맥베스는 많은 귀족 손님들 앞에서 큰 소리를 질러댔어요. 겁이 난 맥베스는 마녀들을 찾아 갔어요. 그곳에서 마녀들은 맥베스에게 몇 가지 예언들을 더 들려주었어요. 그 중 하나는 맥베스의 왕위 계승에 반대하였던 스코틀랜드 귀족인 맥더프를 조심하라는 것이었어요. 그러자 맥베스는 맥더프가 영국에 머무르는 사이에 그의 성을 빼앗고 그의 가족들을 죽여 버렸어요. 맥더프는 맥베스에 맞서 영국군을 이끌고 갔어요. 한편 맥베스 부인은 계속되는 악몽에 시달린 끝에 결국 자살을 해버렸어요. 맥베스와 멕더프는 전쟁에서 만나 결국 맥더프가 맥베스를 죽였어요. 그리고 나서 던컨 왕의 아들인 맬컴 왕자가 스코틀랜드의 왕이 되었죠.

The Little Prince 어린 왕자

Day
93+94
p.326

한 조종사가 비행기가 사고를 일으켜 사하라 사막에 불시착하였어요. 이때 어린 왕자가 나타나 조종사에게 양을 그려달라고 부탁했어요. 그러면서 두 사람은 친구가 되었어요.

조종사는 어린 왕자가 소혹성 325라는 작은 행성에서 왔다는 것을 알게 되었어요. 어느 날, 한 신비스러운 장미의 싹이 나면서, 어린 왕자는 그 장미와 사랑에 빠졌대요. 그러나 그는 장미가 자신에게 거짓말을 한 걸 알게 되면서 장미에 대한 신뢰를 잃게 되었어요. 외로움을 느낀 어린 왕자는 다른 행성들을 탐험하기로 결심했어요. 그는 여행 중 여러 소혹성들을 지나져 갔어요. 여행 도중 그는 왕, 허영심이 많은 사람, 술꾼, 사업가, 등불을 켜는 사람, 그리고 지리학자를 만났죠. 모두 혼자 살고 있었고, 자신들의 일로 매우 바빴어요. 그는 지리학자에게서 장미들의 생명이 영원히 계속되는 건 아니라는 사실을 알게 되었어요. 그러자 갑자기 그의 장미가 보고 싶어졌어요. 지리학자의 권유로 어린 왕자는 지구를 방문하게 되었어요. 그러나 사막 한 복판에 내리는 바람에 사람들을 볼 수 없었어요. 대신 그는 뱀을 만나고, 꽃과 이야기를 나누며, 그리고 아주 높은 산들을 올라가보았죠. 어린 왕자는 장미 정원을 발견하고는 놀라움과 함께 우울해졌어요. 그의 장미가 이 세상에서 장미 종류로는 오직 자기 하나 뿐이라고 말했거든요. 그는 여우와도 사귀었어요. 그리고 여우는 그에게 오직 마음만이 삶의 중요한 것들을 볼 수 있다고 가르쳐주었어요. 여우는 또 어린 왕자가 장미와 떨어져 있던 그 시간으로 인해 장미가 그에게 더욱 특별하게 여겨질 거라고 가르쳐주었죠. 어린 왕자의 마음은 이제 그의 장미에게 돌아갈 채비가 되었어요. 그는 뱀과 함께 그의 행성으로 돌아가려는 계획들을 세우기 시작했어요. 그러나 뱀이 어린 왕자를 물더니 왕자는 소리 없이 모래 속으로 쓰러져갔어요. 다음 날 조종사는 어린 왕자의 시체를 찾을 수 없었어요. 그는 어린 왕자가 그의 소혹성으로 혹시 돌아갔는지 궁금해졌어요.

Sense and Sensibility 이성과 감성

Day
95+96
p.334

미망인인 대쉬우드 부인과 그녀의 세 딸 엘리너, 매리앤, 마가렛은 먼 친척인 미들턴 가족과 함께 이사를 하였어요. 엘리너는 가까운 사이였던 에드워드 페라스 때문에 떠나는 것이 슬펐어요. 엘리너와 매리앤은 브랜든 대령과 존 윌로비를 만나게 되었죠. 윌로비는 매리앤에게 구애를 하였고, 두 사람은 서로에 대한 사랑을 드러내었어요. 윌로비는 사업 때문에 런던으로 떠났고, 매리앤은 상사병으로 인해 비참해졌어요. 한편 미들턴 가족의 친척들인 앤과 루시 스틸이 미들턴의 보금자리이던 바튼 별장을 방문하였어요. 그리고 루시와 엘리너는 곧 친한 친구가 되었어요. 루시는 엘리너에게 자기가 에드워드 페라스와 비밀리에 약혼을 하였다는 사실을 말하였어요. 나중에 에드워드의 어머니는 에드워드가 약혼했다는 사실을 알고 그녀가 죽으면 그녀의 재산을 에드워드의 남동생인 로버트에게 남겨주기로 결정했어요. 엘리너와 매리앤은 런던으로 여행을 떠났죠. 그곳에서는 모든 사람들이 매리앤과 윌로비의 약혼에 대해 이야기들을 하고 있었어요. 하지만 윌로비는 매리앤에 대해 어떠한 감정도 가져본 적이 없다고 말했어요. 그러자 브랜든은 윌로비가 무심하고 타락한 사람이라고 말해주었어요. 자기 재산을 탕진해버린 윌로비는 부유한 여성인 그레이 양과 약혼을 하였어요. 그러던 중 매리앤은 심한 감기에 걸리더니 사경을 헤매었어요. 이 소식을 들은 윌로비는 그녀를 방문해 용서를 구했어요. 실제로 결국 루시는 에드워드가 아닌 로버트 페라스와 결혼을 하였어요. 그리고 에드워드는 엘리너와 결혼을 하였고, 매리앤과 브랜든 역시 짝을 맺었죠.

Day
97+98
p.342

Oliver Twist 올리버 트위스트

올리버 트위스트는 1830년대 영국의 한 빈민원에서 태어났어요. 그의 어머니는 올리버를 낳자마자 곧 죽어버렸고 올리버는 형편없는 시설의 고아원으로 가게 되었어요. 9년 뒤, 올리버는 다시 성인들을 위한 빈민원으로 보내졌어요. 그는 또 결국 그 지방의 어느 장의사에게 도제로 팔려갔으나 거기서 도망쳐 나와 런던을 향해 떠났어요. 그는 런던에서 페이긴을 위해 일하던 같은 나이 또래 소년인 잭 도킨스를 만났어요. 페이긴은 어린 고아 소년들에게 소매치기를 가르치던 범죄자였어요. 병약하고 열에 시달리던 올리버는 브라운로 씨의 손수건을 훔치다가 그만 붙잡히고 말았어요. 그런데 브라운로는 고소를 고집하는 대신 올리버를 자기 집으로 데려가 건강이 회복될 때까지 돌보아주었어요. 그런데 페이긴 일당의 청춘 남녀들인 빌과 그의 연인인 낸시가 올리버를 붙잡아 다시 페이긴에게로 데려갔어요.
그리고 올리버는 빈집을 털다가 총에 맞았으나 집주인 여자에 의해 그 집에 머물게 되었어요. 그녀의 이름은 메이라이 부인으로 그녀는 아름다운 수양 조카딸인 로즈와 함께 살고 있었어요. 페이긴과 몽스는 올리버를 다시 붙잡아오려고 했어요. 그런데 낸시가 이러한 계획을 로즈에게 말해주었어요. 한편 브라운로 씨는 몽스와 단둘이 만나서 몽스가 올리버의 배다른 형제라는 사실을 알아냈어요. 그들의 아버지는 부유한 여성과 결혼하였으나 행복하지 않았으며 그러던 중 올리버 엄마와 관계를 갖게 되었어요.
몽스는 올리버가 가족의 유산에 대한 그의 몫을 절대 받지 못하도록 올리버를 계속 따라다녔어요. 하지만 브라운로는 정당한 몫을 올리버에게 돌려줄 것을 서명하라고 몽스에게 강요하였어요. 또한 로즈가 올리버의 이모라는 사실도 밝혀졌어요. 그리고 페이긴은 이런 범죄들로 인해 교수형을 당했어요. 마침내 브라운로는 올리버를 입양하고, 메이라이 가족과 함께 시골로 이사를 떠났어요.

Day
99+100
p.350

For Whom the Bell Tolls 누구를 위해 종은 울리나

이 이야기는 1930년대 후반에 스페인 내란 중 일어났던 이야기예요. 파블로가 이끄는 한 유격대가 적의 후방에 남았어요. 로버트 조던은 미국인 폭파 전문가였어요.

그는 적의 다리를 폭파하라는 임무를 부여받았어요. 파블로는 이 계획에 반대했고 조던은 파블로가 혹시 배반하지 않을까 염려하였어요. 그리고 조던은 아름다운 스페인 아가씨인 마리아를 만나 곧 사랑에 빠졌어요. 유격대원들 모두가 파블로를 죽이기를 원했지만 조던은 원치 않았어요. 그런데 파블로의 아내인 필라가 어떻게 파블로가 대량 학살을 준비하고 있었는지에 대해 말해주었어요. 파블로는 유격대를 떠났지만, 그 후 다시 돌아왔으며, 이에 조던은 파블로가 신뢰할 수 없는 사람임을 알게 되었어요.
조던은 아군 진영으로 오던 한 적군 병사를 쏘아 죽였어요. 엘 소르도가 이끄는 유격대원들 중 몇몇이 그 적군의 말을 붙잡은 후 더 많은 말들을 찾아서 나아갔지요. 그때 엘 소르도의 유격대원들은 매복해 있던 적군에 의해 몰살을 당하고 말았어요. 이 모든 일들을 겪는 와중에 조던과 마리아는 자신들의 장래에 대해 이야기할 시간을 가졌어요. 조던은 엘 소르도의 패배 소식과 공격을 취소해달라는 요청을 전하려고 어린 유격대원을 골즈 장군에게 보냈어요. 하지만 그 전갈은 제때 골즈 장군에게 도달하지 못했어요. 그리고 파블로가 얼마간의 폭약을 훔쳐서 사라졌어요. 그런데 그는 나중에 다섯 명의 사람과 함께 되돌아왔으며, 조던은 다리 폭파의 임무를 완수할 수 있다는 자신감이 생겼어요. 그 다음 날 동틀 무렵, 그들은 결국 다리를 폭파시켰어요. 하지만 조던의 안내원이자 친구를 포함해 많은 유격대원들이 죽었어요. 조던 역시 말이 쓰러지면서 부상을 입었죠. 이에 마리아는 낙담하여 그와 함께 있게 해달라고 조던을 설득하여 보았지만 조던은 거절하였어요. 그리고 다른 사람들이 도망치는 동안, 조던은 뒤에 남아서 진격해 오는 적군을 지체시켰어요.